LA

DÉFENSE NATIONALE

Souvenirs de la guerre de 1870-1871

DANS LE NORD-EST

PAR

A. STIÉVENART

ANCIEN SOUS-PRÉFET DE L'ARRONDISSEMENT D'AVESNES
AVEC LES POUVOIRS LES PLUS ÉTENDUS
(Septembre 1870 à Avril 1871)

CONCLUSIONS

LA SITUATION ACTUELLE. — LA GUERRE INÉVITABLE.
LA NÉCESSITÉ : 1° DE CRÉER DE NOUVELLES VOIES STRATÉGIQUES ;
2° D'ÉTENDRE LA LIGNE DES FORTS SUR LE FRONT EST
DE PARIS.

STATUE DU GÉNÉRAL FAIDHERBE A LILLE

LILLE
IMPRIMERIE LEFEBVRE-DUCROCQ
88, rue de Tournai, 88

1904

LA DÉFENSE NATIONALE

Souvenirs de la guerre de 1870-1871

DANS LE NORD-EST

LA DÉFENSE NATIONALE

Souvenirs de la guerre de 1870-1871

DANS LE NORD-EST

PAR

A. STIÉVENART

ANCIEN SOUS-PRÉFET DE L'ARRONDISSEMENT D'AVESNES
AVEC LES POUVOIRS LES PLUS ÉTENDUS

(Septembre 1870 à Avril 1871)

CONCLUSIONS

LA SITUATION ACTUELLE. — LA GUERRE INÉVITABLE.
LA NÉCESSITÉ : 1° DE CRÉER DE NOUVELLES VOIES STRATÉGIQUES ;
2° D'ÉTENDRE LA LIGNE DES FORTS SUR LE FRONT EST
DE PARIS.

STATUE DU GÉNÉRAL FAIDHERBE A LILLE

LILLE
IMPRIMERIE LEFEBVRE-DUCROCQ
88, rue de Tournai, 88

1904

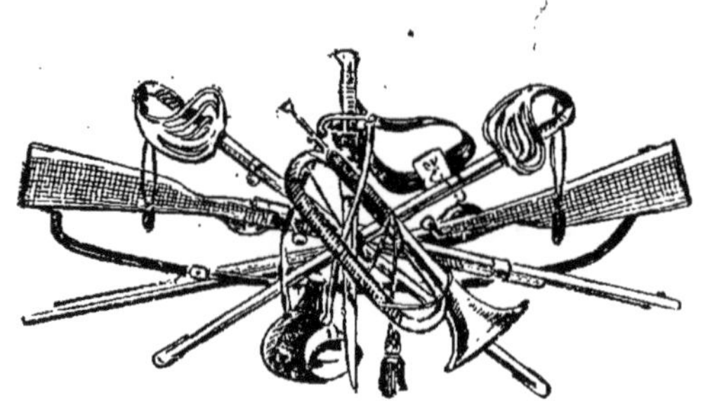

AVANT-PROPOS

Les citoyens à qui le pouvoir échut en septembre 1870 le subirent, mais ne le prirent pas. S'ils n'avaient envisagé que l'intérêt de leur parti ou leur sécurité personnelle, ils eussent laissé l'Empire continuer la lutte, se débattre, conclure une paix désastreuse et disparaître. Mais des sentiments plus élevés animaient les esprits : il fallait avant tout rejeter hors la frontière l'ennemi si imprudemment amené par le gouvernement d'alors. C'était l'œuvre de la patrie à laquelle s'ajoutait l'utilité universelle de mettre un frein au caporalisme prussien déjà si menaçant pour la paix du monde et l'humanité. Et si les efforts gigantesques qui furent déployés de septembre 1870 à février 1871 demeurèrent vains, c'est surtout à la trahison du maréchal Bazaine à Metz et à l'impéritie de la défense de Paris qu'il faut en attribuer la cause.

On ne peut faire qu'un reproche au Quatre-Septembre, c'est d'être venu tardivement. Si, après la défaite de Froeschwiller, le Gouvernement de la Défense Nationale avait été installé, Bazaine n'eût pu immobiliser à Metz, dans un but personnel, les meilleures troupes de France, et l'armée de Mac-Mahon ne serait pas allée s'engloutir à Sedan dans un intérêt dynastique. Les armées de Metz et de Sedan, réunies au nombre de 250 à 300.000 hommes sous les murs de Paris, eussent rendu la capitale ininvestissable et imprenable. Même avec le tiers de cette force aguerrie, la bataille de Champigny, où tant d'héroïsme fut dépensé, était gagnée; le cercle d'investissement se trouvait rompu, l'armée de Paris rejoignait celle de la Loire et le siège était levé. L'enthousiasme était général, et tout changeait de face.

Une autre conséquence de la présence, à front de la capitale, d'une armée de 100.000 à 300.000 soldats dans laquelle on eût pu encadrer nombre de patriotes résolus, c'était le blocus retardé de plusieurs semaines, les approvisionnements accrus et le maintien des communications avec la province. Paris constamment ravitaillé et renforcé devenait une base formidable et irrésistible d'opérations. Et l'armée prussienne impuissante, épuisée, eût fini, comme sa devancière après Valmy, par être reconduite à la frontière. Les belles, patriotiques et toujours aimées provinces de l'Alsace et de la Lorraine étaient sauvées, une paix honorable était conclue.

La trahison, l'insuffisance si grande du haut commandement militaire et sa démoralisation, son affolement après nos premières défaites ; le défaut d'unité, de cohésion, d'autorité, d'organisation, le manque de préparation, d'énergie et surtout de temps; l'inertie des uns, la lâcheté des autres, furent les principaux facteurs de nos désastres. Pendant que le Nord de la France luttait désespérément, ainsi qu'en témoignent les quatre grandes batailles qui y furent livrées, le Midi pérorait, se grisait de discours, alors que tout devait être à la marche, à l'action. C'était à nouveau la sentimentale Gironde, excellente pour enflammer les foules et donner au patriotisme cet apparat théâtral qui séduit et entraîne la jeunesse; concours précieux, mais insuffisant, qu'il faut compléter par une organisation longuement préparée et prête à fonctionner à tout moment, par l'assemblage de tous les éléments de force et l'application stricte de ces lois cruelles, mais nécessaires, de la guerre, qui mettent dans l'alternative de vaincre ou de mourir.

L'exemple si admirable de Lyon armant à la hâte ses citoyens comme dans le Nord de la France, les précipitant à l'ennemi et faisant livrer à ces troupes improvisées la sanglante bataille de Nuits, eût dû servir partout de modèle. A Paris comme à Metz, le haut commandement piétinait sur place, s'immobilisait et ne faisait que très imparfaitement usage des immenses moyens de lutte qu'il avait sous la main; il attendait la province, il eût dû, il eût pu la rejoindre. Paris n'était entouré que de 250.000 hommes, même moins, force souvent amoindrie par des renforts envoyés aux autres corps d'armée, et dont près de moitié se trouvait dans l'impossibilité de prendre part à un combat par suite de la vaste périphérie fortifiée de la capitale.

Seule, la région du Nord, avec celle de Lyon et une partie de l'Ouest, combattit vaillamment et constamment. Ses mobilisés marchèrent au feu et ses mobiles avaient fini par devenir de bonnes troupes, capables de charger à la baïonnette. Le Nord de la France avait enfin trouvé, trop tardivement, dans un de ses enfants, le général Faidherbe, rappelé d'Algérie, un tacticien habile, tenace, qui avait la confiance du soldat et qui fut activement secondé. Mais les armes, les cadres et principalement le temps qui eût permis de combler ces lacunes, furent insuffisants. En revanche, les hommes ne firent pas défaut malgré les vides causés par les envois des anciens militaires dans l'Ouest, qui ne cessèrent qu'à la prise d'Amiens.

Les citoyens dévoués ne manquèrent pas dans le Nord de la France : comme en 1792, ils étaient sortis des rangs à l'appel de la patrie en danger et ils y rentrèrent aussitôt la guerre terminée. Ils avaient fait leur devoir, cela leur suffisait et ils ne sollicitèrent dans la suite ni honneur, ni faveur, ni place. Ils n'avaient eu en vue que la délivrance du territoire et c'est la rage au cœur, attristés par le spectacle de tant de défaillances et de fautes, qu'ils revinrent dans leurs foyers. Ils s'étaient condamnés au silence, et si ce récit paraît, c'est qu'il y a urgence à appeler l'attention sur certaines lacunes de notre défense et principalement sur la nécessité de rendre Paris ininvestissable et imprenable, d'en faire un bouclier derrière lequel la France viendrait se ranger.

La question a une importance extrême, domine tout, et sa solution, qui vaudrait plusieurs armées, qui est rendue indispensable en présence des immenses préparatifs de la Prusse, des complications internationales qui vont prochainement et forcément surgir, relèverait la France de la déchéance causée par la guerre de 1870-1871, la rendrait invulnérable, ferait renaître la confiance, assurerait sa sécurité, et donnerait à réfléchir à nos ennemis.

***

On a peu écrit sur les événements qui se sont déroulés dans le Nord de la France, l'un des principaux théâtres de la guerre de 1870-1871, et rien n'a été publié sur le Nord-Est. L'habitant du Nord est généralement froid et peu communicatif, il ne possède pas l'exubérance qui caractérise d'autres régions, mais en revanche il sait marcher et se battre comme il sait travailler. Sa persévérance est grande et il se rebute difficilement. Il a montré ces qualités en 1870-1871 comme pendant les guerres de la première Révolution, et, quoique la frontière fut proche, facile à gagner, bien peu de mobilisés la franchirent. La plupart cependant ne possédaient aucune instruction militaire, on n'entendait parler que de défaites, et néanmoins bien peu, dans ces jours sombres, manquèrent à l'appel de la mort.

C'est un spectacle sans exemple chez les autres peuples que cette levée en masse effectuée sans secousse ni résistance, par un hiver des plus rigoureux et dans des circonstances aussi difficiles, aussi peu encourageantes. Ces bataillons improvisés sous le feu de l'ennemi étonnèrent les généraux allemands. Ce fut avec stupeur qu'ils constatèrent parmi les cadavres qu'ils avaient eu devant eux des conscrits enrôlés depuis six semaines et déjà enflammés du souffle patriotique. Encore quelques mois, qui auraient pu être gagnés, et le pays se ressaisissait, l'organisation s'effectuait, les hommes surgissaient comme pendant la première Révolution, la confiance renaissait et le moral, qui joue un rôle prépondérant dans la guerre, se relevait. Tout s'ébranlait et marchait avec ardeur [1].

Le récit qui va suivre est formé de souvenirs plus ou moins précis, le temps manquant pendant la guerre pour

---

1. *La Ligne de la Somme*, brochure de M. Daussy, premier président de la Cour d'appel d'Amiens, donne des détails intéressants sur les soldats de l'armée du Nord, pour la plupart improvisés, mal chaussés, encore plus mal vêtus, et qualifiée à cette époque d'*Armée du désespoir*. Mais, dit-il, ces pauvres bataillons possédaient au plus haut degré « le courage qui, dans les périls extrêmes, ne recule point » devant les dévouements sans bornes. »

Lors de l'armistice, l'armée du Nord, après nombre de batailles et d'escarmouches, avait déjà beaucoup gagné comme instruction, solidité et force. Les dernières batailles, Bapaume et Saint-Quentin, où les mobilisés donnèrent, furent acharnées. La première fut une victoire.

les recueillir. On ignorait l'avenir et les citoyens qui partaient pour les pays envahis ou à la veille de l'être, ne songeaient guère au retour. Une sombre fureur, l'idée fixe, obsédante de délivrer le territoire, de renouveler la grande épopée de 1792, les hantait et les dominait. On comptait voir déboucher dans l'arrondissement d'Avesnes l'armée de Metz, on calculait qu'elle suivrait la ligne des places fortes de Thionville, Longwy et Mézières, encore en notre possession, pour atteindre les Ardennes, où elle était à l'abri. On l'attendait pour refaire face à l'ennemi et marcher au Rhin en entraînant d'immenses réserves qu'on eût enflammées et fortement disciplinées. Tout était disposé pour l'appel des hommes mariés de 21 à 35 ans, ce qui eût procuré un million de soldats auxquels il eût été possible d'adjoindre les jeunes gens à partir de 18 ans.

Quand je fus envoyé en septembre 1870 dans l'arrondissement d'Avesnes, avec le titre de sous-préfet et muni à dessein, ainsi que le portait ma nomination, des pouvoirs les plus étendus, des instructions spéciales prévoyaient l'arrivée de l'armée de Metz. C'était, à cette époque, une opération encore possible et l'on ne pouvait supposer la moindre arrière-pensée de la part d'un maréchal de France qui avait fait ses preuves militaires au Mexique, et avait sous ses ordres une armée de 178.000 hommes, admirablement disciplinée et résolue.

Les souvenirs qui suivent peuvent être aujourd'hui publiés sans inconvénient : plus de trente ans se sont écoulés et les passions ont eu le loisir de se calmer. Il était équitable de rappeler la part si honorable que la population du Nord de la France et en particulier celle de l'arrondissement d'Avesnes, a prise à la défense nationale. Notre région, théâtre de tant de batailles, connaît d'ailleurs depuis longtemps l'ennemi et chacun se souvient, avec une légitime fierté, des sièges mémorables de Lille, de Condé et de Valenciennes pendant la première Révolution, et ceux héroïques de Landrecies, de Maubeuge et du Quesnoy. Wattignies, une des communes de l'arrondissement d'Avesnes, est célèbre par l'éclatante victoire remportée en 1792 par une armée improvisée, composée en partie de bataillons nouvellement levés et mal armés. Elle est à citer à cause des circonstances qui présentent une certaine analogie avec la situation de la France en 1870-1871. « Rien de plus saisissant, dit un historien, que » l'aspect des troupes républicaines. La plupart des sol- » dats étaient sans uniforme ou vêtus d'habits disparates; » beaucoup marchaient pieds nus, quelques-uns agitaient » gaiement au bout de leurs baïonnettes de grands pains » à moitié entamés ; tous rayonnaient d'enthousiasme. »

Un bruit s'était répandu que, confiant dans la force de sa position, le prince de Cobourg, commandant l'armée autrichienne, qui considérait Wattignies, avec ses hauteurs couronnées de batteries, ses ravins et ses taillis, comme imprenable, avait déclaré : « J'avoue que ces Français » sont de fiers républicains, mais s'ils me débusquent d'ici » je me ferai républicain moi-même. » — « Les soldats, » dit le même historien, jurèrent qu'ils lui feraient porter » le bonnet rouge et traversèrent Avesnes en chantant. »

La bataille dura quarante-huit heures, Wattignies fut pris et repris jusque huit fois. Les bataillons, conduits avec une indomptable énergie par les conventionnels Carnot, Duquesnoy et le frère de ce dernier général, dit le boucher de la Convention [1], emportèrent d'assaut, après une série de luttes héroïques, toutes les positions. Les soldats chantaient des airs nationaux au milieu du carnage. Des régiments furent presque entièrement anéantis, 9.000 hommes trouvèrent la mort. C'est là qu'un tambour âgé

1. Les deux Duquesnoy nés à Bouvigny, près Lens.

de quinze ans se fit patriotiquement tuer. Ces exemples montrent ce qu'en 1870-1871 on eût pu obtenir sous de bons chefs, et si la guerre avait pu être prolongée.

Maubeuge a élevé un monument à la bataille de Wattignies qui fut livrée près de cette ville. Le général Chancel, un des commandants de cette place, ayant empêché la nombreuse garnison de faire une diversion pendant la longue durée de ce combat, fut accusé de trahison et condamné à mort. L'armée, avant de se mettre en marche sur Wattignies, avait été témoin d'une tragédie qui peint cette héroïque époque : le général Mérenvu, commandant l'artillerie, coupable de négligence, avait été décrété d'arrestation ; prévoyant son sort, l'infortuné se suicida.

Le moindre relâchement était alors impitoyablement frappé. Nous sommes loin de 1870 où tant de responsabilités, dont de très graves, auraient pu être mises en jugement, et où tant de désastres ont été la conséquence des nombreuses fautes commises [1].

---

1. Soit dit en passant, un monument de la *Défense nationale* dans le Nord de la France en 1870-1871, manque à Lille où une statue d'André, le maire héroïque du siège de cette ville en 1792, devrait être aussi érigée.

Valenciennes, Condé, Landrecies, Maubeuge et le Quesnoy, devraient faire édifier un monument rappelant les sièges subis par ces vaillantes cités.

LA DÉFENSE NATIONALE

DANS LE NORD-EST

1870-1871

La Déclaration de guerre.
Frœschwiller, Metz, Sedan et Paris.

Les discussions qui eurent lieu au Corps législatif en juin 1870, au sujet du choix d'un prince allemand pour le trône d'Espagne, avaient été suivies avec anxiété dans le Nord de la France. On accueillit avec joie la nouvelle de la renonciation de ce candidat. Mais quand, après ce succès inespéré, on vit aussitôt surgir la prétention d'imposer au roi de Prusse l'engagement de décliner pour l'avenir toute offre dynastique, l'impression fut qu'on voulait quand même la guerre.

Non seulement le prétexte n'était pas sérieux et le gouvernement agissait d'un cœur véritablement léger en mettant en jeu la vie de milliers de citoyens et l'existence de la France, mais encore la guerre revêtait un caractère véritablement criminel, parce que rien ne la justifiait, qu'on n'était pas prêt, qu'on ne l'ignorait pas et que, par les rapports si significatifs de notre attaché militaire à Berlin, le colonel Stoffel, on savait la Prusse, qui venait de vaincre l'Autriche à Sadowa, parfaitement préparée et dans l'attente. C'était en réalité une guerre dynastique, une diversion aux difficultés de l'intérieur. Le Nord de la France, qui se trouvait en rapports constants avec l'Allemagne, était au courant des immenses ressources militaires et de l'esprit public de ce pays. Aussi, durant l'intervalle qui précéda la déclaration de guerre, les discussions furent-elles vives. Des altercations violentes se produisirent de la part de quelques chauvins aveugles et ignorants, prétendant faire preuve de patriotisme. On leur répondit que, tant que la guerre ne serait pas déclarée, on croyait mieux servir les intérêts de la France en s'y opposant énergiquement, sauf à marcher résolument ensuite si elle éclatait.

Les événements ne tardèrent pas à donner raison à ceux qui redoutaient des désastres. Ces derniers se succédèrent avec une intensité, une rapidité et une importance sans exemple. Aucun plan n'avait été préparé, les troupes étaient non seulement insuffisantes, mais encore elles avaient été disséminées, réparties le long de la frontière en petits paquets commandés par des généraux se jalousant, et tout manquait. La bataille de Frœschwiller succédant à la surprise de Wissembourg, fut imprudemment livrée avec 45.000 hommes à 150.000 et les défilés des Vosges furent abandonnés sans lutte. Le haut commandement militaire se laissa, de son côté, emprisonner dans Metz avec une armée de 178.000 soldats et 1.407 pièces de canon [1] contre environ 200.000 assiégeants venus successivement par corps isolés qu'il eût été possible d'anéantir ou de faire reculer. Un temps très précieux, plusieurs mois, auraient pu retarder l'investissement et permettre à la France, prise subitement à la gorge, et à Paris de s'organiser. L'armée formée à Châlons qui fut conduite à Sedan, comptait 140.000 soldats et 496 pièces de canon [2].

Cette dernière, ramenée sous les murs de Paris, aurait rendu la capitale invulnérable, et transformé en victoires les batailles livrées autour de cette ville. Les armées de Metz et de Châlons, réunies toutes deux et adossées à Paris, constamment renforcées et ravitaillées, auraient permis la lutte à outrance en la rendant en quelque sorte indéfinie. Une situation intenable était ainsi créée à l'armée allemande et sa défaite finale devenait inévitable.

---

1 et 2. *Histoire abrégée de la Guerre franco-allemande*, par le commandant Rousset, de l'École supérieure de Guerre. — Ouvrage couronné par l'Académie.

Le Gouvernement de la Défense Nationale. — La nomination du Commissaire général du Nord de la France et du Préfet du Nord. — L'organisation administrative du département.

Tous les esprits avaient été frappés de tant de fautes et la défaite de Sedan vint mettre le comble à l'exaspération publique. On avait trop attendu, c'était le cri général. Aussi l'avènement du Gouvernement de la Défense Nationale, qui se fit naturellement, sans aucune secousse ni opposition, fut-il salué avec transport et espérance. Le titre en était heureusement choisi et tous les partis se réunirent sous le drapeau commun de la France qu'il fallait d'abord délivrer. L'opinion était que tout le monde devait marcher.

MONUMENT TESTELIN ÉRIGÉ PLACE DE STRASBOURG A LILLE

La nomination du docteur Testelin comme Commissaire général de la région du Nord et celle de Pierre Legrand comme préfet du Nord furent parfaitement accueillies. Ces deux citoyens désintéressés, connaissant parfaitement le pays, jouissaient de la considération publique. C'était de dévoués, d'ardents patriotes et on ne peut leur faire qu'un reproche, vu les circonstances qui exigeaient parfois des mesures exceptionnelles, celui de trop d'hésitation et de modération. Le docteur Testelin, malgré son âge, était souvent à l'armée et sa popularité était grande. On eut dit, sous une forme adoucie, un des anciens délégués de la Convention. M Pierre Legrand ne quittait pas la préfecture, où la tâche était écrasante. L'arrivée, à la fin de novembre, du général Faidherbe, qui, survenue plutôt, eût permis de réaliser certaines opérations importantes, vint augmenter la cohésion et accroître les espérances. Le général Faidherbe connaissait la région du Nord, ses habitants et ses ressources ; c'est à partir de ce moment qu'une plus grande initiative et activité militaire se manifesta.

Les sous-préfectures du département du Nord eurent pour titulaires, en septembre 1870 : à Dunkerque, M. Trystram, depuis sénateur ; à Hazebrouck, M. Salomé ; à Douai, M. Mention ; à Cambrai, M. Isoard. A Valenciennes, un Comité de défense de l'arrondissement fut constitué, dont faisaient partie M. Louis Legrand, actuellement conseiller d'Etat, ancien ambassadeur, et M. Girard, devenu sénateur.

La situation dans le Nord-Est après la défaite de Sedan.

Dans l'arrondissement d'Avesnes, où je fus délégué comme sous-préfet, les conditions étaient toutes spéciales par suite du voisinage de l'ennemi campé dans l'Aisne et les Ardennes. « Vous en avez pour quelques semaines, me dit le Commissaire » général, que je connaissais et estimais beaucoup, peut-être pour » huit jours. » On s'attendait à voir le plantureux arrondissement d'Avesnes attaqué et les places fortes de Landrecies et de Maubeuge assiégées. Aussi ma nomination porta-t-elle que « les pouvoirs les » plus étendus en vue de la défense nationale » m'étaient conférés. Ce mandat, en quelque sorte illimité, se justifiait par la proximité de l'ennemi qui, de Sedan, s'avança par Saint-Quentin jusqu'au Cateau et Cambrai en enserrant l'arrondissement d'Avesnes, où il pénétra à plusieurs reprises.

En octobre 1870, un gouverneur général prussien fut installé à Reims et un préfet à Laon. Les communications par chemin de fer entre Avesnes et Lille furent interrompues plusieurs fois. Il n'existait plus d'administration préfectorale dans l'Aisne et les Ardennes. Les maires des zones limitrophes, tantôt libres et tantôt occupées, étaient aux abois et s'adressaient à l'autorité encore existante et la plus proche, celle d'Avesnes ; de même presque tout aboutissait de ces deux départements et d'au delà à la sous-intendance de cette ville, dont j'étais chargé, et qui prit une extension inusitée. Il en résulta un service démesuré qui fut successivement étendu et aggravé. Toutes ces conditions et la nécessité de concentrer, d'unifier les diverses administrations, d'agir rapidement en passant, au besoin, au-dessus des formalités habituelles, à faire usage de tous moyens et à n'envisager que la défense, motivèrent l'adjonction d'attributions extraordinaires. Sans cette organisation qui supprimait tout retard, toute demande d'approbation à l'autorité supérieure en cas d'urgence, il eût été impossible d'agir et de faire fonctionner tant d'éléments différents, parfois rivaux et hostiles, par esprit de corps, à toute immixtion étrangère.

Une autre tâche fut celle de l'entretien de plusieurs centaines de blessés, provenant de la bataille de Sedan, et ensuite d'autres points. Tout manquait, et on dut requérir des literies, etc. Les habitants d'Avesnes et de l'arrondissement rivalisèrent de dévouement et beaucoup de familles prirent chez elles de ces malheureux. Dans l'intervalle, il fallut faire face à d'autres travaux : les conseils municipaux ayant été dissous pour être remplacés par des commissions, 153 de ces dernières durent être constituées et leurs municipalités nommées. Cette opération fut d'autant plus laborieuse, en outre de difficultés locales, qu'on s'attendait à l'arrivée de l'ennemi, et qu'on n'ignorait pas que ce dernier forçait les maires à exécuter des mesures impopulaires, les rendant responsables et les enlevant parfois comme otages. Aussi, fallait-il beaucoup de patriotisme pour accepter alors ces dangereuses fonctions. Une plaque, avec les noms des membres des commissions, ou au moins de ceux des personnes ayant composé les municipalités, devrait rappeler, dans chaque mairie, leur dévouement et le souvenir de cette difficile époque.

Un bureau spécial dut être créé à Avesnes pour l'approvisionnement des zones des départements limitrophes, tantôt envahies, tantôt libres, et en vue d'empêcher l'envoi de vivres à l'ennemi.

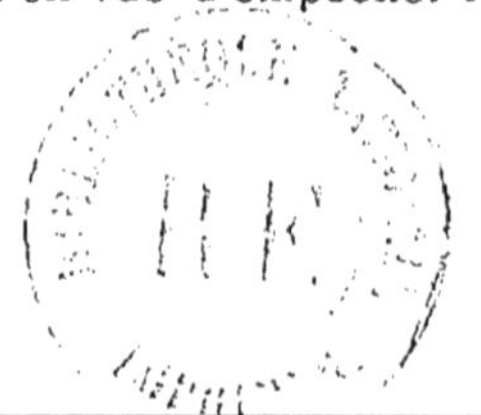

La levée de 3.000 mobilisés, contingent de l'arrondissement, les conseils de révision qui en furent la conséquence, l'équipement de ces conscrits qu'il fallut faire exécuter sur place, leurs casernement, entretien et leur instruction, donnèrent lieu à beaucoup de difficultés. La sous-intendance, qui compta jusque quinze employés, avait à pourvoir aux mouvements fréquents de troupes, au service de quatre places de guerre et aux nombreux enrôlements de volontaires appelés des pays envahis. Il fallut, en tout, presque toujours improviser avec des éléments insuffisants et inexpérimentés.

L'arrondissement d'Avesnes en septembre 1870.

Cette circonscription comptait quatre places fortes : Maubeuge, Landrecies, Le Quesnoy et Avesnes. Les deux dernières avaient été déclassées peu de temps avant la guerre, mais leurs fortifications subsistaient encore. Un arrêté, pris à mon arrivée, et en vertu de mes attributions spéciales, reclassa Avesnes. Cette mesure était rendue nécessaire pour pouvoir se défendre légalement, empêcher les réquisitions et le renouvellement de l'incident douloureux de l'occupation de Nancy par quelques ulhans. Au surplus, tout point de nature à arrêter l'ennemi et lui infliger des pertes devait être défendu. La garde nationale d'Avesnes, sous les ordres du commandant Flobert, ancien officier énergique et dévoué, s'était rapidement organisée. Elle était animée d'un excellent esprit et le prouva quand elle marcha sur Aulnoye, localité située à peu de distance d'Avesnes et qu'un détachement de cavalerie ennemie venait d'occuper à l'improviste.

L'arrondissement d'Avesnes, pays composé principalement de prairies renfermant de nombreux bestiaux, devait tenter l'ennemi, obligé de faire venir des vivres pour l'alimentation des 220.000 à 250.000 soldats qui entouraient Paris. Des incursions et impositions étaient à craindre comme dans les arrondissements limitrophes. Les grandes routes, sur le département de l'Aisne, furent coupées et gardées ; on arma 3 à 4.000 gardes nationaux. Des compagnies de marche, composées des meilleurs éléments, furent organisées pour la défense locale et faire partie ensuite de l'armée active. Tel devint le cas de la garde nationale de Maubeuge, ville qui fit preuve d'un grand patriotisme. A Landrecies, le commandant, trop âgé pour la défense d'une place constamment menacée, fut remplacé par un capitaine de frégate énergique, tiré de l'escadre immobilisée alors à Dunkerque. Ce changement empêcha vraisemblablement, plus tard, la reddition de cette ville.

Un arrêté enjoignit aux maires de sonner le tocsin quand l'ennemi se trouverait en vue, avec obligation pour les autres communes de répéter ce signal en employant une sonnerie différente, afin d'avertir tout l'arrondissement et les garnisons. Sept compagnies de francs-tireurs parcoururent le pays et les départements voisins, mais elles furent loin de rendre les services qu'on était en droit d'attendre d'elles.

Une section d'une grande importance, mais qui dut être improvisée, fut l'établissement d'un service de renseignements que justifiait la proximité de l'ennemi. Des espions furent envoyés jusque sous Paris et Verdun. Une partie de ce personnel fut munie de boîtes renfermant du tabac, etc., que leurs porteurs allaient vendre dans les campements prussiens. Les bureaux télégraphiques de l'arrondissement de Vervins furent chargés de renseigner secrètement sur les mouvements de l'ennemi. On surveilla et interdit les télégrammes suspects envoyés à l'étranger. Tout voyageur arrivant dans une localité devait être aussitôt conduit au maire et interrogé. Je tentai d'organiser sur Reims et Paris un service d'informations par les agents des ponts et chaussées, mais rien de sérieux ne put être obtenu. La diligence de Fourmies à Reims fut à dessein conservée. Les personnes notables des pays envahis, qui s'étaient réfugiées dans l'arrondissement d'Avesnes, et étaient restées en communication avec leurs localités, furent priées de renseigner en cas d'utilité.

Telles furent les principales dispositions prises pour mettre l'important et riche arrondissement d'Avesnes à l'abri des incursions de l'ennemi et venir en aide à la défense nationale.

Dans cette tâche multiple, je fus parfaitement secondé par les habitants et les administrations publiques, qui apportèrent un grand zèle et firent preuve d'un véritable patriotisme. La défense générale devint l'unique objectif, domina tout, et, sauf deux remplacements de fonctionnaires, exigés par l'opinion publique et imposés par certaines considérations, les motifs politiques furent laissés presque entièrement de côté. Les fonctionnaires, qui avaient dû marcher à l'époque toute récente du plébiscite, ce qui avait suscité des luttes et haines locales, furent simplement déplacés à leur vive satisfaction. Leur situation était devenue intenable. L'un d'eux déclara : « Je servirai la République avec autant de zèle que j'ai servi l'Empire ». On leur demandait avant tout d'aider à chasser l'ennemi, ce qu'ils firent avec dévouement.

La situation dans les départements de l'Aisne et des Ardennes.

Une des premières dispositions à prendre était de se mettre en communication avec les pays envahis. Je me rendis par voiture à Vervins, dont l'arrondissement, touchant celui d'Avesnes, était tantôt libre, tantôt parcouru impunément par des détachements. Les environs de Vervins venaient d'être visités par l'un d'eux. J'eus cependant le temps de me renseigner. L'anxiété, la consternation et la douleur étaient générales. On me conseilla de repartir rapidement. Je sus plus tard que, signalé sans doute, un détachement me poursuivit jusque près de la limite de l'arrondissement d'Avesnes.

On eût pu facilement capturer ces corps isolés ; malheureusement, la cavalerie manquait dans le Nord. Quant aux compagnies de francs-tireurs, auxquelles incombait cette tâche, elles firent peu, malgré toutes les instructions et menaces. Leur personnel, plus ou moins bien commandé et composé, touchait 2 francs par homme et par jour ; plusieurs soulevèrent des plaintes par leurs exactions. Ces corps, comme les langues d'Esope, sont ce qu'il y a de bon ou de pis : ils peuvent rendre de très grands services, à la condition d'être formés d'hommes énergiques, infatigables et bien dirigés. Il faudrait les organiser et préparer longtemps à l'avance, les placer le long de nos frontières Est et Sud-Est, en y incorporant les douaniers, qui sont pour la plupart d'anciens soldats.

A Reims, le gouverneur prussien fit publier un journal officiel qui était envoyé, ainsi que des circulaires pour réquisitions, etc., aux maires des départements de l'Aisne, des Ardennes et de la Marne[1]. Les bureaux de poste touchant l'arrondissement d'Avesnes distribuaient ces documents, malgré les ordres donnés aux femmes qui les dirigeaient, et étaient affolées. Il fallut faire occuper militairement l'un d'eux. Les maires des chefs-lieux des cantons limitrophes se trouvaient dans une situation difficile : d'une part, ils recevaient l'ordre d'envoyer à Reims des sommes et des vivres dont l'importance leur était fixée par commune; d'autre part, ils étaient menacés d'être arrêtés en cas d'exécution. Un exemple était nécessaire et on essaya de faire enlever, par un détachement, le maire d'un canton des Ardennes. On le manqua, mais on s'empara, dans sa cave, d'une somme de 27.000 francs qu'il avait réquisitionnée. Elle fut versée à la recette des finances d'Avesnes, au lieu d'aller grossir, à Reims, le trésor allemand.

Le service des renseignements. — Le camp de Boulzicourt. — Le matériel de guerre à Sedan.

Bien composé et organisé à l'avance, un service d'informations est d'un concours extrêmement précieux. Être renseigné constamment sur les mouvements de l'ennemi, connaître les endroits où se trouvent des corps isolés, leur effectif; inquiéter ses moyens de ravitaillement, tous ces points sont, en matière de guerre, d'une grande importance. « Comment battez-vous toujours le maréchal de Soubise ? » demandait-on à Frédéric le Grand. « C'est que Soubise a dix-neuf cuisiniers et un espion, tandis que j'ai dix-neuf espions et un cuisinier. »

Aucune organisation sérieuse d'informations n'a existé en 1870. Cette lacune, ajoutée à tant d'autres, a été la cause de bien des désastres et surprises. Le personnel des renseignements eût pu rendre de grands services dans le Nord, mais il était inexpérimenté, et je sollicitai, vu l'impossibilité de tout embrasser, son transfert

---

1. A plusieurs reprises, j'ai adressé à la préfecture du Nord de ces imprimés. Il serait intéressant de former une collection de ces documents qui doivent se trouver dans les archives des communes occupées et des administrations publiques.

à Lille. J'appris davantage par les relations d'un certain nombre d'habitants venus des pays envahis, et d'autres communications avec ces derniers. C'est ainsi qu'on connut l'établissement d'un camp à Boulzicourt, à huit kilomètres de Mézières. On y pénétra. Il était composé d'environ deux mille hommes ; c'étaient, pour la plupart, des jeunes gens de Munich qu'on signalait comme hostiles aux Prussiens, et peu disposés à résister. A Mézières, se trouvait une garnison de plusieurs milliers de soldats qu'on eût pu renforcer par les troupes de Givet et de Rocroy, en confiant momentanément ces places à la garde nationale ; il eût été ainsi possible de constituer, à Mézières, une colonne volante de 3 à 4.000 hommes, qui se serait livrée à une guerre constante de guérillas. On ne fit rien, et la même inertie, le même manque d'initiative se révélèrent en maintes circonstances favorables. Tel a été, d'ailleurs, le caractère douloureux de la guerre de 1870-1871, où, souvent, chacun comptait sur son voisin, attendait, s'abstenait, se terrait et restait immobile. On ne s'exposait pas, et on esquivait ainsi tout danger et toute responsabilité.

On dit qu'à Mézières le commandant ne voulait s'occuper que de la place, et qu'il fallut une émeute pour le décider à faire dégager une compagnie de francs-tireurs, qui se trouvait cernée dans un bois à proximité de la ville. Qu'on se mêlât des opérations militaires déplaisait à l'esprit de corps, à l'orgueil professionnel. De là, cette opinion qu'elles avaient été des plus mal conduites depuis le début de la campagne, et que des civils les eussent mieux dirigées. Il en fut d'ailleurs question.

Après avoir laissé intacts les ouvrages d'art dans les Vosges, dans le Nord-Est, le service militaire d'alors se livra à une destruction irréfléchie. Il fit sauter le viaduc situé entre Hirson et Avesnes, sans aucun motif, supprimant ainsi une communication importante. Ordre fut donné, plus tard, de faire sauter le pont du chemin de fer, à Fourmies. L'autorité civile s'y opposa, en observant qu'il n'existait aucun ennemi dans un rayon de 50 kilomètres ; qu'on allait isoler complètement la ville de Fourmies occupée, alors, à la fabrication d'équipements militaires ; et qu'il était préférable de faire charger les fourneaux de mine du pont, en confiant la garde de ce dernier à un poste qui, en cas d'arrivée de l'ennemi, eût tout fait sauter.

*
* *

De Sedan, ville déclassée, les renseignements apportés, en octobre 1870, à la sous-préfecture d'Avesnes, étaient les suivants : « A la porte de Torcy, se trouvaient entassés en plein air, et disposés à la façon des chantiers de bois de chauffage, 80.000 chassepots provenant de la défaite du 2 septembre. La garnison était composée de 2.400 hommes qui, pris de panique à la suite de l'explosion d'un caisson, s'étaient réfugiés dans le vieux château-fort où avaient été emmagasinés 342 canons. La garnison était isolée, sans cavalerie et sans possibilité de secours ; les troupes allemandes avaient été dirigées en toute hâte sur Paris et Metz. Les places de guerre, au delà de Sedan, telles que Montmédy et Longwy, étaient encore en notre pouvoir. »

Ces informations présentaient une telle importance que j'envoyai immédiatement, à Sedan, un fonctionnaire qui avait habité cette ville. Il se rendit compte sur place, et revint confirmer les renseignements qui précèdent. Je courus, à Lille, informer le général Farre, alors commandant de l'armée du Nord. Sur mes instances, il décida l'envoi, à Sedan, par la Belgique, d'officiers en bourgeois. Je lui observai qu'il était prudent de se hâter, car l'ennemi attendait que les chemins fussent libres pour expédier, en Allemagne, l'immense butin provenant de la bataille de Sedan.

L'opération ne paraissait pas devoir soulever de difficultés sérieuses, et il était possible de réunir rapidement quelques milliers de bons soldats. Aux effectifs de Mézières, de Givet et de Rocroy, on eût pu emprunter momentanément ailleurs des détachements, et notamment aux places fortes des arrondissements d'Avesnes et de Valenciennes. Je sollicitai de faire partie de l'expédition. Reprendre Sedan avec l'énorme matériel de guerre qui s'y trouvait, était chose à tenter et d'un succès certain en ce qui concerne les fusils déposés en plein air, sans défense ; là on courait peu de risque. Sa réussite procurait les armes qui manquaient, et dont l'insuffisance pesa toujours lourdement sur l'armée du Nord. L'effet moral de la reconquête de Sedan eût été immense : il eût relevé les courages. Conduite avec énergie, l'expédition eût probablement permis de se rendre maître du château-fort avec ses nombreux canons. Mézières n'était distant que de vingt-trois kilomètres de Sedan ; on pouvait arriver de nuit, s'emparer de la porte de Torcy, évacuer immédiatement le matériel s'y trouvant, et tenter l'assaut du château-fort où les vivres devaient être peu abondants. Le temps ne manquait pas, on avait plusieurs jours devant soi, et, en quelques heures, tout eût été fini. On eût pu profiter du retour de la colonne, à Mézières, pour aller capturer le camp de Boulzicourt.

Dix jours se passèrent sans nouvelles de Lille. Impatient, je m'y rendis à nouveau. Le général Farre me dit que les renseignements que je lui avais communiqués, avaient été pleinement confirmés, mais qu'en présence du désarroi général et du découragement qui régnait, il n'osait rien entreprendre en ce moment. L'autorité militaire, fortement démoralisée, manquait de foi et de ressort. L'hésitation, le continuel ajournement dominaient et paralysaient.

La formation d'un corps de 5.000 hommes avec 12 pièces de canon à Avesnes. — Une colonne ennemie de 6.000 hommes de passage à Marles près Vervins.

L'étude d'une marche sur Sedan avait éveillé l'attention. Les renseignements recueillis sur l'effectif des places fortes de Mézières, Givet et Rocroy avaient révélé la présence de garnisons trop considérables avec le système de bombardement à grande distance et sans assaut. On immobilisait de bonnes troupes, alors qu'ailleurs on en manquait. On fit venir de ces villes plusieurs milliers de soldats et on les concentra à Avesnes, en leur adjoignant d'autres détachements et 12 pièces de canon de montagne. On pensait que cet effectif allait avoir pour objectif de nettoyer le Nord-Est des petits corps ennemis qui pressuraient les populations, et d'entreprendre d'autres opérations. La « colonne infernale », tel était le titre prématuré qui lui était donné, eût, énergiquement menée et bien renseignée, rendu de grands services, obligé l'ennemi à protéger par de nouvelles forces sa ligne de ravitaillements sans cesse menacée. Elle aurait pu, par une marche hardie, surprendre de nuit l'administration prussienne endormie dans Reims.

L'ennemi manquait alors d'effectifs suffisants dans le Nord-Est, presque tout était concentré devant Paris, les armées de la Loire, du Nord, et disséminé ailleurs. Plusieurs exemples montrent ce qu'on aurait pu accomplir : la rupture du pont de Fontenoy-sur-Moselle et la coupure, à deux reprises, du chemin de fer, près de Laon, par un de nos détachements. On a dit à cette époque que l'administration civile allemande, alarmée, fut à la veille de quitter cette ville.

Dans les conversations que j'eus l'honneur d'avoir avec le général Farre, qui était un excellent homme, n'avait pas été heureux dans ses opérations et paraissait découragé, je lui demandai respectueusement s'il était bien pratique d'aller se mesurer avec des conscrits, dans les plaines de la Picardie, contre des soldats exercés, supérieurs en nombre, pourvus d'une cavalerie importante, qui nous manquait presque totalement, et d'une meilleure artillerie. C'était l'écrasement à peu près inévitable malgré toute la valeur déployée. Le théâtre de la guerre ne se trouvait-il pas tout désigné dans les Ardennes, célèbres par leurs défilés, — dont ceux historiques de l'Argonne — pays boisé, accidenté, haché de haies rapprochées et où une petite troupe était en position de mieux combattre sans avoir à craindre, ou peu, l'action de l'artillerie et de la cavalerie? On était là en quelque sorte à l'abri, il était aisé de se dérober, de se glisser, de s'éparpiller, et l'on se trouvait placé sur le flanc de l'ennemi, à proximité de sa principale ligne de communications qu'il était possible d'inquiéter constamment. La contrée était éminement propre à une guerre de guérillas et de surprises. C'était une citadelle naturelle aisément défendable, et dont l'on pouvait s'élancer à l'improviste sur l'Aisne, la Marne et la Meuse. On avait là une véritable Vendée, ainsi que l'observait un officier originaire de ce dernier pays.

On possédait encore les places fortes de Mézières, Givet et Rocroy, qui ne furent assiégées qu'en janvier 1871. La première de ces villes pouvait servir de base ; et l'on était adossé à la Belgique, qui eût fourni des volontaires.

Ces considérations furent vainement invoquées ; il y avait des instructions contraires. On voulait se battre le plus près possible de Paris, occuper l'attention de l'ennemi et lui immobiliser des forces considérables pour venir en aide à la capitale et à l'armée de la Loire. On eût vraisemblablement mieux atteint ce but en se servant des Ardennes.

L'ennemi redoutait les opérations dans le Nord-Est. Le camp en l'air et à effectif restreint de Boulzicourt, faute de forces suffisantes ; les petits postes d'observation qu'il avait établis autour de Reims ; les détachements qui parcouraient sans cesse le pays, les patrouilles qui sillonnaient fréquemment le tunnel de Vierzy, servaient à masquer sa faiblesse et dénotaient ses inquiétudes [1]. La destruction du pont du chemin de fer à Fontenoy, à 9 kilomètres de Toul, en janvier 1871, par une compagnie d'éclaireurs forte de 300 hommes partis de 60 kilomètres de distance, opération difficile, parfaitement préparée, renseignée et bravement accomplie en pleine occupation ennemie, montre les résultats bien plus importants et plus fréquents qu'on eût pu obtenir par les Ardennes sur le vaste pourtour de Sainte-Menehould à Reims, Laon et Saint-Quentin.

La rupture du pont de Fontenoy interrompit, pendant dix-sept jours, les communications directes entre Strasbourg et Paris. Le village de ce nom fut brûlé de fond en comble ; une proclamation du commandant de Toul annonça que le même sort serait infligé aux localités où semblable fait se reproduirait. En expiation de cet incident, qui avait fort ému l'état-major prussien, la Lorraine fut frappée d'une contribution de dix millions de francs [2]. Les Allemands inquiets voulaient, par des représailles terribles, empêcher de nouveaux Fontenoy, tant les conséquences pouvaient leur être graves. Il est intéressant, aussi, de rappeler qu'ils détruisirent complètement, par l'incendie, deux cent trente-cinq maisons, à Châteaudun, pour punir cette ville de son héroïque défense. Sur ce nombre, cent quatre-vingt-treize furent brûlées à la main avec du pétrole [3].

1 La coupure du chemin de fer près Laon par le bataillon des douaniers, dont la formation est signalée plus loin, et qui s'était annoncé comme l'avant-garde de l'armée du Nord, avait provoqué une grande fermentation dans le pays. Pour la dissiper, le préfet de Laon, inquiet, avait lancé une proclamation démentant la venue de l'armée du Nord.

2 et 3. *Histoire abrégée de la Guerre franco-allemande.*

On peut apprécier, par l'exemple de Fontenoy, le temps considérable qu'on eût pu gagner en mettant hors d'usage les ponts et tunnels des Vosges, et en défendant vigoureusement, successivement, les approches de Metz.

L'ennemi redoutait beaucoup la guerre de guérillas, qui lui avait causé tant de pertes en 1813-1814. Et quel champ plus favorable d'opérations incessantes que les bois, taillis, haies et collines qui constituent les Ardennes !

*
* *

Les 5 à 6.000 hommes réunis à Avesnes, dans une ville de quatre mille habitants, et logés dangereusement, en grande partie dans des casemates, ne devaient pas s'immobiliser sur place. Il était utile de leur donner de l'air, d'en faire usage, et l'on en forma une colonne qui se porta sur Vervins, ville distante de trente-trois kilomètres d'Avesnes. Elle était partie le matin quand le bureau de Marles, localité située à onze kilomètres de Vervins, informa, l'après-midi, la sous-préfecture d'Avesnes, de l'arrivée inattendue d'une troupe d'environ 6.000 hommes venant du siège de Longwy ou de Montmédy, avec douze pièces de canon. La dépêche ajoutait que l'ennemi devait coucher à Marles, pour rejoindre, le lendemain, l'armée allemande à Saint-Quentin.

Le télégramme fut immédiatement transmis au commandant de la colonne d'Avesnes, qui devait être arrivée à Vervins. Je l'envoyai de même à Lille, en sollicitant du commissaire général de la défense, sans obtenir de réponse, l'autorisation de me rendre à Vervins, puisque j'avais le grade de colonel, en vertu de mes fonctions de sous-intendant militaire. J'appris ensuite qu'en raison de la tension existant alors entre les autorités civiles et militaires, on n'avait pas voulu prendre de décision.

L'occasion était des plus favorables à une surprise : l'ennemi ignorait complètement la présence d'une colonne française à peu de distance. Sa confiance était telle qu'il ne s'était même pas assuré du service télégraphique. Aussitôt la réception de ma dépêche, le commandant devait envoyer, à Marles, quelques officiers en civil pour relever les dispositions de l'ennemi, et le surprendre couché, éparpillé dans les maisons ou fermes, et sans défense. En supposant même que la surprise n'eût pas réussi, il se trouvait dans les ténèbres, et dans l'impossibilité de poursuivre, faute de cavalerie. Avec une attaque vers minuit contre des soldats dispersés, endormis, des chefs qu'il eût fallu d'abord saisir ; la confusion eût été grande, et la résistance faible. Il y avait donc des éléments sérieux de succès, même avec un faible effectif, peu de risque à courir, et l'opération était à tenter.

Le commandant de la colonne télégraphia qu'il revenait à Avesnes. Vainement, une dépêche l'engagea à réfléchir. Il objecta, à sa rentrée, qu'on lui avait affirmé que l'ennemi comptait 8.000 hommes, ce qui était en contradiction avec le bureau télégraphique de Marles, et renseignement qu'il eût été facile de contrôler rapidement, et par la même voie. Rien n'obligeait de raccourir avec tant de précipitation et, le nombre d'adversaires eût-il été celui en question, qu'il y avait encore lieu de profiter de cette occasion favorable, et de procéder à une attaque de nuit. J'appris plus tard qu'à la réception de mon télégramme à Lille, on escomptait déjà la capture des douze pièces de canon, tant on prévoyait un succès.

Le manque d'initiative.— La désorganisation.— L'affolement. — La batterie de Mézières. — L'enlèvement du poste de Montcornet.

On ne saurait trop, en vue de l'avenir, étudier minutieusement les causes de nos désastres en 1870-1871, et prendre, dès à présent, des dispositions sérieuses, définitives, pour en empêcher le retour, ne plus encore se laisser surprendre et ne plus attendre le dernier moment, en pleine lutte, trop tard, pour tout organiser. Ce sont les optimistes ou les paresseux, les gens qui voient constamment tout en beau, qui vivent d'hypothèses et d'illusions pour éviter la peine de s'entourer de précautions, qui perdent un pays. Tel a été le caractère de la lutte de 1870-1871 où, avant qu'on l'engageât, on était cependant averti, où tout a marché à l'aventure, où rien n'était préparé, prêt à fonctionner. Cette situation se reproduira encore, car la guerre se fera de nouveau sur notre territoire, bien plus ouvert depuis la perte de l'Alsace et de la Lorraine, si, très longuement à l'avance, dès maintenant, toute une complète organisation n'est pas sérieusement établie et mise à l'épreuve. La même insouciance règne encore aujourd'hui, ainsi qu'il est établi au dernier chapitre du présent opuscule. A la nouvelle de la guerre, un général, à Lille, disait que la campagne de Prusse était une promenade devant finir par un déjeuner à Berlin. Il y alla en effet, mais comme prisonnier. L'ignorance de certains officiers était telle qu'on cite un colonel demandant, en pleins défilés de l'Argonne, où ceux-ci se trouvaient !

A un excès de confiance au début, on était passé à une extrême démoralisation. La guerre de 1870-1871 a été signalée à peu près partout par l'affolement, conséquence de notre caractère national si prompt à s'enflammer en cas de succès, et à se décourager non moins vite au premier revers. On n'osait plus rien faire, on craignait les responsabilités; chacun ne pensait qu'à soi, se cantonnait, s'isolait, et de là la nécessité de devoir suppléer à cette abstention. Force fut de prendre quand même, et en tout, certaines mesures sur des choses étrangères au service administratif, et de s'occuper de ce qui se passait dans les arrondissements limitrophes, abandonnés et opprimés par l'ennemi. Il eût été plus doux et moins dangereux d'attendre patiemment, philosophiquement, les événements avec le moins de souci et de travail possible. Mais l'intérêt supérieur de la défense nationale était plus puissant. Il criait, il commandait de marcher.

Les esprits étaient frappés, hynoptisés, et manquaient de réflexion, de sang-froid. Il y avait exagération constante en ce qui concernait l'ennemi, dont on grossissait l'importance, et qui, de son côté, était inquiet, fatigué et surmené. Presque chaque nuit la sous-préfecture recevait des dépêches annonçant sa marche sur Avesnes ; on le voyait partout, il avait le don d'ubiquité. De Mézières, de Vervins et de Saint-Quentin, les populations étaient continuellement en fermentation et les bruits les plus divers, les plus affirmatifs, se répandaient avec une rapidité déconcertante.

Un détachement de quelques hommes était vite transformé en

escadron et, là où il y avait 50 cavaliers, on en annonçait, par répercussions successives, 1.000 et 1.500, toujours se dirigeant sur l'arrondissement d'Avesnes. Le ulhan a joué en 1870-71, dans les imaginations populaires, le rôle du cosaque en 1814, et cependant rien n'était plus aisé que de combattre des cavaliers armés de revolvers à faible portée, large cible facile à démonter de loin ou de derrière une haie. Le uhlan, faisant partie d'une reconnaissance ne dépassant jamais cent hommes, se considérait comme sacrifié, perdu. Quelques détachements ou des compagnies de francs-tireurs, si elles avaient voulu réellement se battre, auraient eu aisément raison de cavaliers égarés en pleine France.

Il eût fallu une main vigoureuse et point d'hésitation. En quinze jours l'armée de la Loire, sous le commandement du général Aurelle de Paladines, compta 127 exécutions. Aussi une discipline de fer fut-elle la conséquence de ces exemples qui empêchèrent les défaillances, les « sauve-qui-peut », firent épargner des milliers de vies et furent cause de la victoire de Coulmiers.

Tout marchait en grande partie à l'aventure dans le Nord-Est, où il y avait cependant tant à faire, région négligée, délaissée par l'autorité militaire. Une direction énergique, toujours en éveil, manquait. En octobre 1870, ayant lu dans un journal que la garnison de Mézières s'était emparée d'un convoi de 4.000 chassepots, je télégraphiai au commandant de cette place de m'expédier ce qu'il aurait en trop. Il me répondit que la nouvelle était fausse, mais qu'il détenait 1.800 fusils à tabatière qui lui étaient inutiles et dont il avait vainement signalé l'existence. Je lui demandai de me les envoyer, ce qu'il fit.

En janvier, le même commandant me télégraphia qu'il avait une batterie disponible, je lui répondis immédiatement de me la faire parvenir par Rocroy, les routes entre Mézières et l'arrondissement d'Avesnes étant battues par des détachements ennemis. Quelques jours après son départ, Mézières, qu'on considérait comme pouvant offrir une longue résistance, était bombardé et pris en douze heures. La batterie était heureusement arrivée à Rocroy, mais le commandant de cette ville alarmé me télégraphia qu'il ne la laisserait continuer sa route que si j'en prenais la responsabilité. Rocroy allait probablement subir le même sort que Mézières, il y avait urgence et, bien que tout cela me fût étranger, je pris sur moi d'accepter en recommandant pour plus de sûreté de faire passer la batterie avec ses 110 artilleurs le long de la frontière belge qu'elle eût franchie en cas de nécessité ; il paraît même qu'elle la franchit momentanément, par suite d'une erreur de route. A peine était-elle parvenue à Avesnes que Rocroy était assiégé et pris en quelques heures. Le tour de l'arrondissement d'Avesnes depuis si longtemps en suspens, allait arriver ; on attendait son invasion définitive, soit par Rocroy, soit par Saint-Quentin après la perte de la bataille livrée près de cette dernière ville. A l'époque de l'armistice on apprit qu'une colonne de 20.000 hommes était prête à partir de Saint-Quentin. A la suite de cette convention, les troupes ennemies vinrent s'installer sur les limites de l'arrondissement pour l'envahir en cas où la paix n'aurait pas été conclue.

Non seulement l'initiative, le sentiment du devoir faisaient défaut, mais encore des instructions verbales ne suffisaient pas toujours. On réclamait, probablement à dessein, des ordres écrits pour des opérations qui auraient dû être calculées et entreprises spontanément, par des chefs de corps dont c'était la mission. En novembre 1870, ayant appris qu'un poste de douze soldats avait été installé à Montcornet, commune située entre Vervins et Reims, simple point d'observation comme le camp de Boulzicourt, je dis au capitaine d'une compagnie de francs-tireurs qui était censée manœuvrer de ce côté, sans jamais avoir fait parler d'elle, d'enlever le poste [1]. Refus sous prétexte que la croix d'ambulance était placée sur la porte de ce campement. C'était une précaution habile que rien ne justifiait puisqu'aucun combat n'avait eu lieu dans les environs, et qu'aucun blessé ne s'y trouvait. Je dus employer la menace et, pour mettre à couvert la soi-disant responsabilité invoquée, délivrer un ordre écrit. Le poste, surpris de nuit, fut amené à Avesnes, j'interrogeai les douze soldats qui le composaient. C'étaient des jeunes gens de Cologne qui ne paraissaient guère désolés de leur capture. On était, déclarèrent-ils, fatigué de la guerre, on disait qu'elle ne finirait pas. D'autres témoignages vinrent corroborer successivement cette impression répandue dans l'armée allemande et qu'on eût pu mettre à profit.

1. Le capitaine venait toucher sa solde à la sous-intendance d'Avesnes, comme d'autres chefs. Il prenait en route la diligence de Reims à Fourmies et avait avec lui une valise renfermant son uniforme qu'il mettait à son arrivée. Il ne fut jamais inquiété.

Le projet d'expédition sur Réthel.

Dans la ville de Réthel, située entre Mézières et Reims, s'était installé un sous-préfet prussien avec un détachement. Il réquisitionnait le pays. Un coup de main était à tenter. Une compagnie de francs-tireurs, à laquelle on adjoignit un millier de mobilisés, fut chargée de surprendre nuitamment Réthel. Plusieurs espions allèrent relever la position de l'ennemi, ce qui devrait constamment précéder toute opération. Malheureusement le commandant de la colonne, à qui le plus profond secret avait été recommandé, commit l'imprudence d'en parler à certains de ses officiers. Ce fut bientôt chose publique et l'expédition dut être contremandée. C'est par de semblables indiscrétions que des informations parviennent à l'ennemi, et que des opérations bien conçues peuvent se transformer en désastres. On sait que c'est par un télégramme envoyé à Londres par le correspondant d'un journal anglais à Paris et réexpédié à Berlin, que l'état-major allemand apprit la marche insensée de l'armée de Reims vers Sedan. Sans cette divulgation plusieurs jours auraient pu être gagnés ! Dans l'arrondissement d'Avesnes, il fallut mettre un terme aux indiscrétions de certains journaux qui publiaient, sans se rendre compte du danger, des renseignements de nature à éclairer l'ennemi.

Création d'un bataillon de douaniers. — Proposition d'engins de guerre.

De Maubeuge à Strasbourg, la frontière était ouverte et nombre de douaniers étaient inoccupés. C'était d'anciens militaires. On en réunit une partie à Avesnes.et on en forma un bataillon d'environ mille hommes, sous les ordres du patriotique inspecteur des douanes, Giovanelli. Il rendit des services, dont la coupure du chemin de fer de Laon. Il protégea l'arrondissement d'Avesnes et une partie des arrondissements limitrophes. Il enleva la somme de 27.000 francs dans un canton des Ardennes, fait signalé précédemment.

*
* *

Diverses propositions d'engins furent faites durant la guerre : on offrit de fabriquer des fusils de rempart à longue portée ; des cottes de mailles en fils d'acier ; de nouveaux explosifs. L'essai d'une parcelle de l'un de ceux-ci provoqua la rupture d'une plaque en marbre d'une des cheminées de la sous-préfecture.

La sous-intendance d'Avesnes.

Le fonctionnement de cette administration, qui n'engendre en temps de paix qu'une médiocre besogne, prit une extension démesurée par suite des événements. En outre d'un service devenu exceptionnel dans l'arrondissement avec ses places fortes et les incessants mouvements de troupes, il fallut se charger des départements de l'Aisne et des Ardennes, où il n'existait plus d'administration ou peu s'en faut. La sous-intendance militaire d'Avesnes se trouvant la plus rapprochée des pays envahis, elle fut conduite à s'occuper activement de ces derniers dans l'intérêt de la défense nationale.

L'organisation et la direction n'en furent pas aisées. Il fallut réquisitionner la maison de place pour y installer de nombreux employés, qui durent être mis au courant. Le travail fut pénible avec une administration soumise à nombre de règlements et de circulaires dont plusieurs remontaient au premier Empire. La routine, la minutie y dominaient. L'élément civil était assez mal vu, souvent contrarié et parfois pour des futilités, malgré la meilleure volonté. Si l'on eût dû, en quelque sorte en plein champ de bataille, passer par les formalités habituelles et attendre des autorisations lointaines, on eût perdu un temps précieux alors que les circonstances exigeaient souvent des décisions immédiates. Des conflits assez vifs surgirent, et l'intendance fut invitée à assurer directement le service devenu trop lourd en raison de la situation complexe survenue, de la proximité de l'ennemi, des entraves qui étaient apportées et rendaient le fonctionnement trop difficile. Elle s'y refusa et on passa outre, n'ayant d'autre objectif que de délivrer par tous moyens le territoire, sauf à se débrouiller à la paix. En tout cas, elle dut être satisfaite, puisqu'à la veille de la fin de la guerre, on fit offrir par deux fois, au sous-intendant d'Avesnes, d'entrer dans cette administration, ce qu'il refusa, jouissant d'une situation indépendante et n'étant venu dans l'arrondissement que dans un but uniquement patriotique, comme il refusa plus tard d'occuper un poste élevé dans l'administration préfectorale.

Le service de la sous-intendance devint surtout chargé lors de la levée des mobilisés et des enrôlements dans les pays envahis.

La levée et l'organisation de la Mobilisée. L'appel aux pays envahis du Nord-Est.

La levée des célibataires de 21 à 40 ans s'effectua sans encombre. Les opérations des conseils de révision, tenus en l'absence du préfet, dans les dix cantons de l'arrondissement comptant environ 200.000 habitants, se passèrent avec la plus grande régularité et sans incident. Il n'y avait guère d'enthousiasme dans ces jours sombres, il eût fallu quelques succès pour relever les esprits; mais il existait un accord général pour que tout le monde donnât, et c'est la main dans la main qu'habitants et administrations publiques marchèrent. Quoique la frontière fût proche et que la fuite en Belgique fût facile, bien peu de mobilisés la passèrent. Ceux qui, souvent sur les instances de parents éplorés, la franchirent, furent dans la suite disqualifiés et montrés au doigt. On ne saurait trop le répéter, aucun pays n'a offert semblable dévouement et pareil exemple de patriotisme dans des circonstances aussi difficiles et aussi périlleuses.

Un médecin de la garnison de Montmédy ou de Longwy, rendu libre par la capitulation étrange, déclarait-il, de la place, fut chargé de l'examen des recrues. Le conseil de révision, imbu de l'idée que la guerre ne dépasserait pas six mois, qu'il fallait tout faire marcher et qu'une sélection s'effectuerait dans les garnisons, n'admit que de rares exemptions. On alla peut-être un peu loin dans cet ordre d'idées. Le nombre des mobilisés s'éleva à 3.000, on les caserna à Avesnes avec mission de les habiller et les instruire sur place.

Pour plus de rapidité, tous furent équipés dans le pays même à la seule exception des armes. Des commissions spéciales reçurent les fournitures. En l'absence d'anciens officiers, la légion d'Avesnes fut commandée par un ingénieur distingué de la compagnie du Nord, M. Hélyg. Sept cibles furent installées et chaque jour les nouveaux conscrits étaient exercés. Quelques-uns des officiers nommés à l'élection, ayant été reconnus impropres à leurs fonctions, furent invités à donner leur démission, ce qu'ils firent. Ils comprirent qu'au premier manquement ils seraient révoqués et peut-être mis en accusation. La légion fut, comme instruction militaire, la plus avancée du département et envoyée à Lille où une partie fut versée dans la ligne. En passant, il est juste de signaler la belle conduite du régiment des mobiles de l'arrondissement, le 46e, sous le commandement d'excellents officiers, entre autres du colonel de Laprade, du Quesnoy, du capitaine Crusis, de Felleries, des lieutenants Maxime Lecomte [1] et Dupond [2], d'Avesnes, et du sergent Homère Meurisse, de Sains-du-Nord [3].

*
* *

Tout était à la défense, à la réunion la plus prompte et la plus complète possible des moyens de lutte. Les pays envahis devaient renfermer des jeunes gens qu'il fallait aussi enrégimenter. Je pris sur moi d'adresser une circulaire aux maires des départements de l'Aisne et des Ardennes, faisant appel à leur patriotisme, leur demandant d'envoyer les célibataires valides à Avesnes. A partir de ce moment et jusque l'armistice, ce fut un véritable exode : une centaine de volontaires, dont des hommes mariés, arrivaient chaque jour et étaient dirigés sur Lille. C'était un

1. Ce dernier a publié, en 1872, une brochure sous le titre : *Souvenirs de la campagne du Nord, 1870-71*.

Après chaque combat, nombre de mobiles venaient, comme autrefois les Vendéens et les Bretons, revoir le clocher de leur village pour regagner ensuite leur régiment.

2. Grièvement blessé à la bataille de Pont-Noyelles et décoré par le général Faidherbe,

3. Décoré de la médaille militaire.

spectacle émouvant que la venue spontanée de ces patriotes, voyageant souvent la nuit, par les bois, pendant l'hiver rigoureux de 1870-1871. Le bruit de l'appel aux armes s'étant répandu partout comme une traînée de poudre, il en vint de la Champagne. Je me rappelle avoir été présent lors de l'arrivée de trois hommes grisonnants que j'interrogeai : « Nous venons de Mourmelon, » nous sommes d'anciens militaires âgés de 45 ans. Nous avons » vu notre pays sillonné de soldats prussiens et nous nous » sommes dit qu'il fallait que tout le monde marche en France. » Nous avons appris qu'on enrôlait à Avesnes et nous sommes » partis depuis quatre jours en nous cachant ».

Ah ! les braves gens qui avaient abandonné spontanément leurs familles exposées à des représailles, à la misère. Que n'eût-on accompli avec de pareils dévouements bien conduits et si le temps surtout l'avait permis. Aussitôt guéris dans les ambulances, les blessés repartaient avec une nouvelle ardeur. Si on avait pu gagner quelques mois, les conditions de lutte eussent changé, on aurait pu en sortir ou au moins obtenir de meilleures conditions de paix.

Le rapatriement des soldats internés en Belgique. Les enrôlements dans l'armée belge. — Les primes pour armes.

Vers la fin de la bataille de Sedan, livrée sans aucun plan et si mal dirigée, un certain nombre de soldats, ne voulant pas se rendre, s'étaient ouverts, d'eux-mêmes, un passage. Ils étaient entrés en Belgique où, entre parenthèses, une grande partie de l'armée aurait pu être conduite avec armes et drapeaux, en place de l'abandonner honteusement à l'ennemi, comme plus tard à Metz. Mieux valait cette solution qu'une capitulation destinée à sauver quelques chefs, et là encore une faute grave fut commise. Les militaires qui avaient franchi la frontière étaient internés dans les provinces wallonnes complètement dévouées à la France, leurs sympathies étaient ardentes. Des relations furent établies et des comités créés. On réunit des habits civils, les soldats, entraînés, abandonnaient leur uniforme et repassaient la frontière où ils étaient à nouveau incorporés.

Le long de cette dernière, de Maubeuge à Sedan, un cordon de troupes belges avait été établi. Elles et les garnisons des villes wallonnes furent activement travaillées. Des sous-officiers et soldats vinrent s'engager. Ils formèrent cette vaillante légion étrangère qui fit partie de l'armée de la Loire et se fit bravement décimer, principalement près d'Orléans et de Tours.

Il fut proposé d'offrir des primes élevées pour l'enrôlement de sujets étrangers, surtout d'anciens militaires. Si ce mode, employé avec succès pendant la guerre de sécession aux États-Unis, avait été adopté, on eût facilement, principalement avec les volontaires de la Belgique, du Grand-Luxembourg, de la Hollande et de la Suisse, formé plusieurs régiments.

Des envois d'armes eurent lieu de la Belgique, où des offres d'artillerie furent faites, ce qui donna lieu à des négociations. On proposait des canons fabriqués en Angleterre et en Belgique pour l'Amérique du Sud, mais on ne put aboutir. Le Gouvernement prussien installa des agents aux gares frontières.

Des primes furent allouées pour remises de fusils. 70 francs étaient donnés par chassepot. Il en fut apporté un certain nombre à Avesnes ; ils provenaient, pour la plupart, des environs de Sedan [1].

Ayant appris que le château-fort de Guise renfermait une centaine de fusils à piston, je les fis enlever et transporter à Lille. Ils furent transformés en fusils à tabatière dans les salles de la préfecture, où avaient été installés des ateliers. 20.000 chassepots avaient été envoyés de la citadelle de Lille à Paris quelques jours avant l'investissement de la capitale. Pour l'usage qu'on en fit, mieux eût valu les laisser dans le Nord : c'était 20.000 combattants de plus.

Les autres arsenaux du Nord étaient vides ; à Maubeuge, on trouva 800 vieux mousquetons !

---

1. Il est équitable, à ce sujet, de rappeler le dévouement de M. Edmond Sée, ingénieur à Lille. Ce patriote fut envoyé en mission dans les Ardennes où il racheta, au péril de sa vie, des milliers de fusils qui furent expédiés par la Belgique.

L'ennemi dans l'arrondissement d'Avesnes. — Belle conduite de la garde nationale d'Avesnes. — Défection de la compagnie des francs-tireurs du Quesnoy. — Siège de Landrecies.

L'arrondissement d'Avesnes fut deux fois envahi: en novembre, un détachement d'une centaine de dragons bavarois, débouchant de l'Aisne, traversa, la nuit, une partie de l'arrondissement, passa à quelques kilomètres d'Avesnes et arriva, le matin, à la gare d'Aulnoye, formant la bifurcation des chemins de fer d'Aulnoye à Maubeuge, à Landrecies et à Avesnes ; il s'y arrêta quelques heures. La nouvelle n'en fut connue que par des machinistes qui, attablés à la buvette d'Aulnoye, n'eurent que le temps de sauter sur leurs locomotives. C'est ainsi que la sous-préfecture apprit ce raid audacieux, en dépit des instructions données aux maires. Le bureau télégraphique d'Aulnoye resta, de son côté, muet.

La garde nationale d'Avesnes qui, en l'absence en ce moment de toute garnison, faisait le service de la place, fut immédiatement convoquée et se porta bravement sur Aulnoye. Le détachement bavarois, ne pouvant se diriger sur Landrecies, ni sur Maubeuge, devait revenir vers Avesnes ou se porter sur Le Cateau, occupé alors par l'ennemi. Il était obligé, dans ce dernier cas, de traverser ou de longer la vaste forêt de Mormal où se trouvaient plusieurs gardes, et située à trois kilomètres du Quesnoy. Or, dans cette dernière ville, se tenait une compagnie de francs-tireurs dont l'effectif s'élevait à 70 hommes. Elle était commandée par un sous-inspecteur des eaux et forêts qui, au début de la guerre, en avait sollicité la formation. Un télégramme le mit au courant et lui enjoignit d'occuper la forêt. En l'absence prolongée de toute nouvelle, une dépêche fut envoyée au maire du Quesnoy qui répondit qu'à la réception de mon télégramme, le capitaine et le lieutenant de la compagnie des francs-tireurs avaient filé en Belgique. Cette désertion est restée impunie. Les cavaliers ennemis suivirent sans encombre la route du Cateau, où ils n'auraient pas dû arriver.

***

Un incident analogue marqua le siège de Landrecies, ville forte située à 19 kilomètres d'Avesnes. Une colonne prussienne arriva à l'improviste, à quelques centaines de mètres des remparts, sans être signalée, et faillit pénétrer dans la place en plein jour. L'ennemi occupa la gare qui fut incendiée, et bombarda la ville qui se défendit courageusement, en dépit de l'attitude du commandant de la garde nationale ; il s'était fait élire malgré son insuffisance militaire et contre toutes les règles. Il se déclara malade, ne donna aucun ordre et resta chez lui. Heureusement que le commandant de la garnison, officier de marine, se défendit énergiquement. Après un bombardement de plusieurs heures, qui fit des victimes et causa des dommages, les assiégeants se retirèrent. La conduite du chef de la garde nationale fut simplement flétrie par un ordre du jour à l'armée du Nord.

Les Prussiens ont, à la suite de cette attaque, qualifié Landrecies de « petite ville meurtrière »[1]. Si cette place avait été prise, l'arrondissement qu'elle couvrait était ouvert et mis en coupe réglée. « Sa résistance, dit M. Maxime Lecomte dans son intéressante brochure, a épargné à une partie du département du » Nord, probablement à tout l'arrondissement d'Avesnes, la honte, » les tristesses et le dommage matériel qui ont accompagné » ailleurs l'occupation étrangère. Landrecies a fait son devoir. » Ses habitants ont le droit d'en être fiers et de le dire hautement. »

Éventualité de la remise des pouvoirs au commandant de la place d'Avesnes. — Nouvelles de Paris par le ballon « le Dupuy de Lôme ». — La situation de la capitale.

A la suite de l'incursion du détachement de cavalerie à travers l'arrondissement et de renseignements annonçant l'envahissement à bref délai de ce dernier, j'appelai le commandant de la place. Je lui donnai connaissance des dispositions du code militaire portant que quand l'ennemi était proche, tous les pouvoirs devaient être transmis au chef de la garnison. Je lui dis de se

1. *Relation du siège de Landrecies*, par M. Deloffre, de cette ville.

tenir prêt à toute éventualité et de prendre toutes ses dispositions en prévision d'un siège prochain, qu'aussitôt l'ennemi en vue il prendrait la direction de la défense.

« Nous devons nous attendre, lui dis-je, à une attaque prochaine » d'Avesnes et ce sera à mon tour à être sous vos ordres. Quelles » mesures comptez-vous prendre ?

— Les approvisionnements sont suffisants ainsi que les muni- » tions, me répondit-il. Je me charge de l'Arsenal et de la porte » de France. Henriot a eu raison de faire sauter la citadelle de » Laon. Quand on est prisonnier, on n'est plus bon à rien. On » doit mettre hors de combat le plus d'ennemis possible. »

Ce langage était réconfortant et faisait contraste avec certaines défaillances, le découragement, la mollesse de quelques chefs et citoyens. En le tenant, le commandant ne faisait que répéter ce que j'avais entendu à plusieurs reprises ; il m'avait parlé de 18 tonneaux de poudre et des munitions qui se trouvaient à l'Arsenal, et il était homme à tout faire sauter. Il n'y avait pas à s'y méprendre, c'était bien sa résolution.

Ce brave et modeste militaire sorti des rangs, ancien capitaine d'armes, a rendu d'utiles services par son dévouement et sa grande activité durant la période si chargée, si difficile de septembre 1870 à mars 1871. Aussi mérite-t-il que quelques lignes soient consacrées à son souvenir.

Il était célibataire, âgé d'environ 45 ans, originaire du Pas-de-Calais et de nature peu communicative. Il eut fait partie avec honneur de cet admirable corps de sous-officiers, l'âme des armées, le fondement de l'édifice militaire que la première Révolution légua à l'Empire qui y puisa à son tour ses meilleurs officiers et généraux ; il disparut en grande partie dans les campagnes si meurtrières de Russie et d'Espagne. Le vide qui en résulta ne contribua pas peu aux désastres qui suivirent, surtout quand il fallut former de nouveaux soldats pris principalement à partir de 18 ans, ce qu'on appela les *Marie-Louise*. du nom de l'impératrice régente qui avait signé le décret ordonnant leur levée. Ce furent de braves jeunes gens, mais inexpérimentés et qui manquèrent de cadres d'instruction, comme nos mobilisés en 1870.

Le commandant Wautier (il était connu surtout sous le nom de « commandant »), pleurait de rage de voir les Prussiens en France et n'y comprenait rien. A la sous-intendance, où fut constatée la fraude des souliers à semelles de carton, pour le casernement des troupes, des mobilisés, la réception des volontaires qui arrivaient des pays envahis, il aida beaucoup et la garde de la place était en mains sûres. On pouvait lui confier toute mission avec une seule crainte, celle de le voir aller trop loin. J'en eus plusieurs preuves dont une assez significative : en l'absence de toute la gendarmerie, qui était partie pour l'armée, et sur la demande du parquet, je chargeai le commandant d'arrêter un individu accusé d'assassinat et qui se promenait impunément dans un village voisin. « Je l'ai arrêté ce matin à cinq heures, vint » me rendre compte cet officier, il a été pris dans son lit et il l'a » échappé belle ». Il m'expliqua qu'il avait fait entourer la maison avec ordre de tirer sur le coupable supposé, pour le cas où il aurait voulu fuir. Un homme de plus ou de moins importait peu au commandant.

Il y aurait nombre d'autres traits à citer de ce dévoué patriote qui n'y allait pas de main morte et exagérait même un peu la consigne.

A la suite de l'armistice, l'arrondissement de Vervins ayant été occupé définitivement par l'ennemi jusqu'à la limite de celui d'Avesnes, touchant lequel il avait installé plusieurs détachements qui auraient été utilisés immédiatement en cas de continuation de la guerre, j'envoyai le commandant protester contre cette occupation qui devait avoir été l'objet d'une erreur. Il y alla en grand uniforme, fut très énergique mais n'obtint rien. Le général Faidherbe, à qui il en fut référé, approuva et me chargea de le féliciter [1].

*
* *

En novembre, un ballon lancé de Paris, le *Dupuy de Lôme*, alla

---

1. Un dernier trait peint ce brave militaire : en 1873, il vint m'informer à Lille qu'il avait demandé sa mise anticipée à la retraite. Comme je me récriais, il m'apprit qu'une propagande active était faite dans l'armée en faveur du comte de Chambord, mais que quant à lui il ne servirait jamais sous le drapeau blanc et ne connaissait que la cocarde tricolore. « Je vais me fixer à Lille, près de vous, et si vous avez besoin d'un homme » résolu, je marcherai ». Nombre d'officiers et de soldats de la garnison de Lille pensaient de même et le chef du Gouvernement d'alors, le maréchal de Mac-Mahon, a bien exprimé le sentiment général en disant que si on voulait remplacer le drapeau tricolore, les chassepots partiraient seuls.

tomber aux environs de Reims où il fut poursuivi par l'ennemi. Deux des trois aéronautes qui le montaient parvinrent à s'échapper et arrivèrent à Avesnes avec une cage renfermant des pigeons voyageurs [1]. C'était de braves marins qui étaient casernés au fort d'Issy. J'eus par eux des renseignements sur la situation de la capitale, il y régnait un grand enthousiasme. En résumé, on y attendait la province! Ainsi Bazaine à Metz, où il s'était, il est vrai, laissé volontairement emprisonné, avait attendu qu'on vînt le dégager, et le général Trochu, commandant de Paris, agissait à son tour de même! Bazaine, en août, avait reçu l'ordre de se replier sur la capitale, ce qu'il pouvait alors faire sans combat sérieux, et la face des choses changeait totalement. Les armées de Metz et de Sedan réunies sous Paris auraient compté plus de 300.000 combattants. Jamais les Prussiens ne possédèrent plus de 250.000 hommes disséminés sur l'immense pourtour de la capitale. Même abandonné à ses propres forces, le haut commandement militaire à Paris disposait d'éléments importants d'attaque qu'il eût pu mieux employer en facilitant, par d'incessantes escarmouches, la tâche des armées de province. C'est l'opinion du général Faidherbe, qui observe dans sa brochure [2] que si « la ville » de Metz, rendue à temps indépendante du maréchal Bazaine et » de son armée, au lieu de capituler le 28 octobre, se fût défendue » jusqu'en décembre retenant l'armée du prince Frédéric-Charles » sous ses murs et permettant ainsi à l'armée de la Loire de » poursuivre son premier succès, et que, pendant ce temps-là, » l'armée de Paris, trouvant moyen d'utiliser le courage bien » connu des Parisiens, eût harcelé journellement l'armée prus- » sienne assiégeante dont la force était bien moins considérable » qu'on l'a toujours cru... », il est probable, on peut dire il est de toute certitude, que la situation eût été différente. L'ennemi n'eût osé, comme il l'a fait à plusieurs reprises dans les combats livrés par les armées de province, se dégarnir et envoyer des renforts importants empruntés à ses forces sous Paris et qui assurèrent son succès final en divers cas. En particulier l'armée

---

1. Quelques jours avant le blocus de la capitale, un honorable citoyen de Lille, M. Derode, avait envoyé à Paris un nombre important de pigeons voyageurs qui furent d'une grande utilité pour communiquer avec les départements.

2. *Campagne de l'armée du Nord.*

du Nord eût pu se hasarder franchement entre la Somme et Paris, privant les Prussiens de leurs ravitaillements.

Que de fautes commises et que de responsabilités encourues !

La lutte, hélas si meurtrière et si prolongée de la Commune (mars à mai 1871), confirme l'opinion du général Faidherbe et montre le parti que le haut commandement militaire eût pu tirer de l'emploi sérieux des 200.000 hommes constituant la garde nationale, et des jeunes gens de 18 à 21 ans.

La défense nationale en province ne fut pas suffisamment secondée à Paris, cependant elle déploya des efforts gigantesques et sans exemple chez aucun autre peuple : « Du 10 octobre au » 2 février, déclare un historien peu suspect de partialité [1], le » gouvernement de Tours a jeté devant l'ennemi plus de 600.000 » hommes munis de 1404 bouches à feu. Douze corps d'armée » numérotés de 15 à 26 formèrent les armées de la Loire, du » Nord, de l'Est et des Vosges, dont les réserves étaient dans » les camps du Havre, de Carentan et de Nevers. On se procura » 1.500.000 fusils dont 122.000 chassepots fabriqués dans les » manufactures de l'Etat. On créa 238 batteries, 31 réserves » divisionnaires d'infanterie, 10 parcs de corps d'armée que » servirent 46.000 hommes et qu'attelèrent 41.758 chevaux. » Enfin on fit venir des ports militaires, plus de 50.000 marins » ou soldats d'infanterie de marine, et pour payer tout cela on » trouva 874 millions.

» Les hommes qui, avec rien, ont fait de telles choses, méritent » bien que leurs noms ne soient jamais oubliés des Français. »

Cette immense tâche fut en grande partie accomplie par l'élément civil, sous la direction principale de M. de Freycinet. Ce fut surtout à dater de l'arrivée en province de Gambetta, parti de Paris en ballon le 7 octobre, qu'une impulsion immense, infatigable, fiévreuse, fut donnée à la défense. Elle se continua jusque pendant l'armistice en février, et les généraux Chanzy, Faidherbe ainsi que nombre de citoyens étaient d'avis de poursuivre la lutte. L'Assemblée nationale, imbue, au fond, du désir de rétablir la monarchie, de faire vite par suite, accepta trop rapidement les conditions imposées par l'Allemagne. Elle

1. *Histoire abrégée de la Guerre franco-allemande*, par le commandant Rousset.

devait, comme l'Espagne en 1808, continuer, au moins momentanément, la guerre. Jamais, depuis l'arrivée de Gambetta, l'activité ne se démentit un instant, et si le temps n'avait manqué par suite des graves erreurs militaires commises, on eût fini par sortir honorablement de la lutte et sans perte de territoire.

Les nouvelles apportées de Paris par le *Dupuy de Lôme* donnèrent beaucoup à penser.

La tactique de l'état-major allemand.

En novembre, on pouvait se rendre compte du plan adopté par l'ennemi. Son objectif principal, unique, était la reddition de Paris qu'il considérait, après la capitulation de Metz, comme devant forcer à la paix. De là l'investissement de la capitale et son isolement complet. Barrer toute communication avec le dehors et repousser simplement les armées de province dans leurs tentatives pour se mettre en rapport avec Paris, était le programme de l'état-major prussien. Ce sera à nouveau son objectif si, dans la future guerre, nous sommes encore vaincus et si on ne se met, dès à présent, en mesure, à toute éventualité, par excès de prudence si on le veut, de boucher cette lacune considérable. Tel avait été le but de l'établissement, en 1840, d'une ceinture de forts détachés à une époque où la situation était moins grave qu'aujourd'hui.

L'ennemi, en 1870, manquait d'effectifs suffisants et ne pouvait trop s'étendre, embrasser. Après Sedan, l'armée allemande se dirigea en toute hâte sur la capitale et si, à ce moment de désarroi général, elle avait pu détacher 20.000 hommes sur Lille et Lyon, ces villes, dégarnies alors de troupes, n'eussent pas été en état de résister. La formation de l'armée de Châlons avait tout absorbé et, pour la compléter, on avait dû faire appel aux anciens officiers. Les généraux allemands voulant éparpiller le moins possible leurs forces et employant la vieille tactique française de 1792-1793 de procéder par masses, tactique dont l'abandon en 1870 fut l'une des principales causes de nos désastres, concentrèrent presque tous leurs efforts sur Metz et Paris.

Les armées de la Loire et du Nord constituaient deux forces éloignées ne pouvant utilement s'appuyer. Quand l'une d'elles attaquait et était même momentanément victorieuse, l'ennemi recevait au dernier moment et après une lutte d'épuisement, des troupes fraîches. Lutter avec deux fusils contre trois et parfois quatre, est chose à peu près impraticable. Ces renforts importants provenaient en majeure partie des 250.000 hommes massés sous Paris. L'état-major ennemi sut parfaitement utiliser dans ce but nos chemins de fer. Avec ces facilités nouvelles de transports rapides, ces prélèvements incessants effectués sous Paris sans opposition sérieuse, c'était alternativement l'écrasement de nos troupes dans le Nord, l'Ouest et le Centre.

Cette situation était sans issue. On renouvelait l'erreur commise au début de la guerre, de disséminer nos forces pour se faire battre en détail, sans pouvoir avancer. En novembre, j'écrivis au commissaire général de la Défense pour lui demander s'il ne serait pas d'une meilleure tactique de tirer, de la région du Nord, toutes les ressources possibles en hommes, et de profiter de la présence de notre escadre, immobilisée à Dunkerque, pour tout transporter et aller grossir l'armée de l'Ouest, mieux placée pour combattre. On eût laissé quelques garnisons, et inondé certaines parties du territoire. Il est probable que, dans la crainte de trop réduire ses effectifs, l'ennemi n'aurait pas osé amoindrir l'armée assiégeant Paris, qui était déjà trop faible, et le Nord eût été peu inquiété.

Le projet de porter, dans l'Ouest, les forces et les ressources du Nord de la France, fut soumis au gouvernement de Tours et rejeté.

Il avait appelé l'attention, et fut repris plus tard. Dans sa brochure, *Campagne de l'Armée du Nord*, le général Faidherbe dit que, par ordre du ministre de la guerre du 15 février 1871 (durant l'armistice), le 22e corps, fort de 18.000 hommes et de douze batteries, fut embarqué à Dunkerque pour aller rejoindre l'armée de Cherbourg. Il est probable que le surplus eût suivi, si la paix n'était survenue.

La situation, dans l'arrondissement d'Avesnes et les départements limitrophes, en décembre 1870 et janvier 1871. — La demande de création d'une cour martiale à Maubeuge. — L'aliénation de bois communaux en vue de la formation de batteries départementales.

La situation laissait beaucoup à désirer, et s'aggravait. On était constamment sur le *qui vive*, et l'on s'attendait, à tout moment, à une invasion définitive. Elle aurait eu lieu depuis longtemps, si l'ennemi n'avait craint de trop s'étendre, et redouté une résistance sérieuse.

Elle était continuellement annoncée ; le cercle se resserrait, et elle allait s'effectuer quand l'armistice survint le 28 janvier.

* * *

Malgré la défense absolue d'expédier des denrées alimentaires dans les pays envahis, sans une autorisation du bureau de ravitaillement institué spécialement à Avesnes, des chargements étaient clandestinement envoyés dans la direction de Reims, à destination de l'ennemi que préoccupait beaucoup la question d'approvisionnements. Il fallait mettre ordre à ce trafic. Dix-neuf voitures, en marche vers Reims, furent saisies, et leurs propriétaires déférés au Conseil de guerre, à Lille. Celui-ci se borna à la confiscation des chargements. La même juridiction acquitta un instituteur d'un département voisin, sur qui on avait saisi une lettre du préfet prussien, qui l'accréditait. Une enquête préalable du parquet d'Avesnes avait conclu à sa culpabilité [1].

La conduite de la plupart des compagnies de francs-tireurs laissait beaucoup à critiquer. Elles rendaient peu de service à la défense tout en donnant lieu, malgré d'incessantes menaces d'arrestation et de dissolution, à des plaintes de la part des maires des communes où elles passaient ou séjournaient. L'une

1. La situation des fonctionnaires dans les pays envahis, et restés sans traitement depuis plusieurs mois, devait être difficile. Je me rappelle avoir reçu, d'un conseiller de préfecture de l'Aisne, une lettre sollicitant le paiement de ses émoluments. Elle fut transmise à Lille.

d'elles laissa, dans une auberge, une soixantaine de havre-sacs ! Quelques-unes ne payaient pas, faisaient la noce, et étaient plus redoutées que l'ennemi, dont elles s'inquiétaient peu et se gardaient d'approcher. On ignorait leurs mouvements : tout contrôle était impossible, et aucun rapport n'était envoyé. Comme il importait de mettre fin à cet état de choses, de renforcer la défense, d'avertir que toute infraction serait immédiatement jugée et punie, la demande fut faite en décembre, à Lille, d'instituer une cour martiale permanente à Maubeuge. On ajourna. Cependant il y avait nécessité : on se trouvait en contact avec l'ennemi ; on l'attendait. Il avait été entendu, lors de ma nomination avec les pouvoirs les plus étendus, que cette adjonction, qui fut la seule donnée en France pendant la guerre, avait pour but de permettre de faire usage des moyens les plus énergiques en vue de la défense.

Dans ces moments suprêmes où une nation, comme un malade, se débat entre la vie et la mort, l'emploi de remèdes extrêmes s'impose.

*
* *

Plusieurs communes possédaient des bois, et demandaient, depuis longtemps, l'autorisation de les aliéner. L'Administration centrale des eaux et forêts était prisonnière à Paris, les circonstances pressaient, on était pris à la gorge, et le salut public commandait. L'autorisation leur fut accordée en vertu de mes pouvoirs, mais à la condition que la moitié du produit des ventes serait affectée à la construction de batteries départementales, dont la création venait d'être décidée.

Annulation de la convention, conclue par le commandant de Mézières, pour le passage des trains de marchandises venant de la Belgique. — L'emploi de nos chemins de fer par l'ennemi. — Tentative pour faire sauter le tunnel de Vierzy.

Le commandant de la place de Mézières avait autorisé le passage des trains de houille venant, par chemin de fer, de la

Belgique, à destination des pays qu'occupait l'ennemi, et notamment de Reims. Nous avions tout intérêt à empêcher ce ravitaillement qui pouvait, en outre, donner lieu à des abus. Sur la réclamation que j'adressai, la convention permettant ces transports, sans qu'elle eût été soumise au ministre de la guerre, fut annulée par le gouvernement de Tours.

Dans ce même ordre d'idées, les bateaux chargés de combustibles à destination des régions envahies, furent arrêtés entre la frontière et Landrecies jusqu'à la paix.

*
* *

Informé par des renseignements particuliers que le personnel de nos chemins de fer était contraint par l'ennemi de continuer son service, je sollicitai son rappel à Lille. Des influences qu'on eut le tort d'écouter, empêchèrent cette mesure de sécurité. Le maintien du fonctionnement des voies ferrées qui facilitait les évolutions et le ravitaillement de l'ennemi, fut une des principales causes de l'insuccès de plusieurs opérations importantes et exerça une influence désastreuse. Tel a été le cas de la bataille de Saint-Quentin dont la perte fut due à la fin de la journée à l'arrivée par voies rapides, ainsi qu'il a déjà été observé, de renforts provenant des troupes campées autour de Paris.

On peut encore juger du rôle considérable, multiple qu'ont joué, pendant la dernière guerre, ces envois si opportuns par les faits suivants empruntés à une lettre en date du 16 janvier 1871, adressée de Bordeaux par Gambetta à Jules Favre à Paris. Il y est dit en parlant du général Chanzy, commandant l'armée de la Loire :

« *Les renforts venus de Paris* l'ont accablé malgré une héroïque » résistance mêlée malheureusement de cruelles défaillances. »

Plus loin :

« C'est Frédéric-Charles qui commande toutes les forces prus- » siennes dans l'Ouest, et qui est acharné sur Chanzy depuis » vingt jours. C'est Manteuffel qui est général en chef et qui a » amené sur Bourbaki ***100.000 hommes de plus dérobés aux lignes*** » ***d'investissement***. »

On n'a pas su profiter à Paris de ces affaiblissements considérables de forces sur lesquels on eût pu se mettre en mesure d'être constamment renseigné. Il a dû y avoir des moments où l'ennemi ne comptait pas plus de 150.000 combattants éparpillés autour de la vaste enceinte de la capitale !

Nous avons été loin en pleine France de savoir nous informer, et de nous servir comme l'ennemi des voies rapides, et à Paris on a peu fait usage du chemin de fer de ceinture. Cette ligne favorable aux concentrations permettait de procéder par grandes masses, de se livrer à d'incessantes et imprévues attaques sur les points les plus divers de l'immense contour formant le périmètre fortifié de la capitale qui protégeait et servait de retraite. C'est, on l'a vu, l'opinion du général Faidherbe.

On ne profita pas, ou que peu, de cet instrument puissant d'action ; sauf le cas de trahison, on peut conclure que la direction militaire, à Paris, a été aussi incohérente, aussi dépourvue d'initiative, d'esprit pratique qu'à Metz. Et le mystérieux plan de délivrance qu'on supposait au général Trochu, dont s'est bercée l'opinion publique déroutée, n'a jamais existé que dans l'imagination populaire.

*
* *

La situation en décembre était des plus critiques. L'armée du Nord, trop faible comme celle de la Loire pour débloquer Paris rationné et bientôt condamné par la famine à capituler, était, malgré son courage et ses continuels efforts, immobilisée et réduite à l'impuissance. Un moyen restait, essayer d'affamer à leur tour les 250.000 hommes entourant la capitale. Leur alimentation par chemins de fer, au loin, après plusieurs mois de siège, exigeait un service considérable, étendu, et devait être rendu de plus en plus difficile. L'approvisionnement de cette masse en vivres, munitions, etc., s'effectuait à l'Est, par deux lignes principales : le chemin de fer de Paris à Reims et au delà par Soissons, et celui de Paris à Nancy par Épernay.

L'étude de cette question si influente du ravitaillement par voies rapides, fut amenée à la suite des faits qui précèdent et d'informations provenant des pays envahis. Mon attention fut surtout appelée sur le tunnel de Vierzy, situé à quelques kilomètres de Soissons. J'y envoyai en décembre, quoique la chose fut en dehors de mes attributions, un capitaine de douane qui connaissait la contrée. Il reçut la mission de visiter cet ouvrage d'art et de se mettre en relations avec les gardes forestiers des environs, anciens soldats. Il devait leur promettre, au cas où, par leur concours, le tunnel était mis hors d'usage, une somme de dix mille francs qu'au besoin j'eus payée de ma poche, tant l'opération présentait d'importance. Il était inutile de demander des autorisations à Lille, des indiscrétions étant à craindre ; on eut perdu en outre un temps précieux et il y avait urgence.

Des renseignements recueillis par le capitaine, il résultait que le général Vinoy, qui n'avait pas donné à Sedan — encore une des singularités qui ont signalé trop souvent cette étrange guerre — et la bataille étant perdue à son arrivée à Mézières, il était rentré à Paris avec sa division de 20.000 hommes. Le général Vinoy, à son passage à Vierzy, avait eu la précaution, contrairement à ce qui avait été oublié dans les Vosges après la défaite de Frœschwiller, de faire sauter les deux extrémités du tunnel. L'ennemi, qui avait un intérêt puissant au maintien de cette communication, s'était empressé de rétablir la circulation au moyen d'échafaudages faciles à détruire. Une patrouille parcourait le tunnel tous les quarts d'heure, mais dans les intervalles, des hommes résolus pouvaient faire sauter à nouveau les deux extrémités. Le concours des forestiers était acquis.

L'interruption du tunnel de Vierzy en plein hiver, aurait exercé une grande influence. On peut en juger par les résultats obtenus par la destruction du pont de Fontenoy qui, ainsi qu'il est dit précédemment, nécessita dix-sept jours pour la reprise des transports. Cet arrêt eût été d'un mois au minimum à Vierzy; d'autres points auraient pu être de même successivement interrompus, et la situation de l'armée assiégeant Paris eût été rendue critique. C'est surtout en vue des approvisionnements que l'ennemi avait envahi la Normandie, où on aurait dû faire raréfier les denrées alimentaires. Que d'ouvrages de chemins de fer auraient pu être mis hors de service dans le Nord-Est et ailleurs, si une guerre infatigable de partisans avait été organisée dès octobre. Mais l'incurie, l'incapacité étaient partout excessives, et quand l'autorité civile voulait patriotiquement porter remède, suppléer, aider, on se plaignait par esprit étroit de corps de son immixtion. Elle eût été plus avisée, et eût montré plus d initiative si elle avait dirigé les opérations militaires.

Quand je réclamai de la dynamite, à Lille, mis au courant du projet de faire sauter le tunnel de Vierzy ; cet explosif manquait ! Il fallut s'adresser à la Belgique. C'était en tout, depuis le début de la guerre, le même manque de prévoyance.

L'armistice étant survenu, l'opération en vue de la destruction du tunnel de Vierzy dût être ajournée et abandonnée avec la conclusion de la paix.

L'état des esprits dans l'armée allemande. — Pourquoi la Prusse préféra traiter avec le Gouvernement de la Défense nationale.

La proximité de l'ennemi, les relations avec les pays envahis et divers faits, permirent de se rendre compte des sentiments qui ont régné durant la guerre dans l'armée allemande.

La grande majorité de cette dernière était désireuse de la paix et, si on l'eût consultée, elle eût été d'avis de la conclure sans réclamer l'annexion de la Lorraine et de l'Alsace, œuvre du parti militaire et de quelques professeurs d'universités. Cette violence a été désastreuse pour l'humanité, pèse lourdement sur l'Europe entière et sur l'Allemagne, en obligeant chaque peuple à accroître constamment ses armements et ses charges depuis 1871. La transformation de l'Europe en un immense camp, la paix armée pour se servir de l'expression consacrée, aboutira fatalement à une nouvelle guerre.

On eût pu empêcher cette situation accablante en neutralisant la Lorraine et l'Alsace, et en convenant d'un désarmement général. C'était l'apaisement, la paix définitive, l'humanité — cette grande patrie universelle, commune — triomphante. On créait la sécurité internationale et on supprimait les charges militaires qui s'élèvent chaque année à des milliards, on réalisait les moyens d'améliorer efficacement le sort des classes pauvres.

L'Allemagne monarchique et féodale, cette minorité privilégiée hostile par intérêt et orgueil à tout rapprochement entre les deux peuples, à la suppression de ce reste de barbarie qu'on appelle la guerre, n'a pas voulu de ce programme, de cette solution. Elle a préféré laisser la porte ouverte à de nouveaux conflits afin de pouvoir à volonté les susciter et les perpétuer. Mais les peuples réfléchissent, comparent les situations et se rendent compte. Ils ne veulent plus désormais être dupes et victimes, ils finiront par avoir le dernier mot.

Si la guerre dynastique voulue par le second Empire était sans fondement sérieux, la conduite de l'Allemagne féodale s'emparant comme d'un troupeau des populations de la Lorraine et de l'Alsace, les condamnant à l'esclavage, a été non moins criminelle, non moins odieuse.

Sur le champ de bataille de Sedan et après leur victoire, les soldats allemands se livrèrent à des transports frénétiques de joie et s'embrassèrent. Ils considéraient la guerre comme terminée et n'aspiraient qu'à rentrer dans leurs foyers; près de cinq mois devaient encore les retenir en France. Le Gouvernement de la Défense nationale désirait aussi la paix et l'offrit dans l'entrevue que ses délégués eurent le 20 septembre 1870 au château de Ferrière, avec le roi Guillaume et le comte de Bismarck. Mais la prétention de se faire céder la Lorraine et l'Alsace fit tout échouer.

On jouait gros jeu, on ne s'attendait pas à une résistance plus longue. A ce moment le maréchal Bazaine pouvait encore, par un effort suprême, sortir de Metz avec 170.000 soldats. Le sort changeait et la victoire reprenait place sous nos drapeaux. On gagnait en outre un temps important, ce facteur qui eût permis de tout organiser et de reprendre pied. C'était au tour de l'Allemagne à fléchir, à reculer.

Jusque la prise de Metz, l'ennemi fut très prudent et circonspect. Il manquait de troupes eu égard à l'étendue des opérations. Il n'osait trop embrasser, il était étonné de ses succès [1]. Lors de la capitulation de Metz, les soldats croyaient à une paix immédiate et leur déception fut grande en voyant la guerre continuer. En outre des plaintes sur la durée de la lutte de la part des douze hommes faits prisonniers à Montcornet et rapportées précédem-

1. Lors de l'armistice, je me rendis à Paris. Notre train, par suite de la rupture d'ouvrages d'art, dut aller par Pontoise où nous passâmes l'Oise à pied sur un pont improvisé. Dans mon compartiment de 2e classe se trouvaient six soldats qui me répétèrent à plusieurs reprises et fort respectueusement : « Nous Saxonnes, pas Prussiens ». Ils semblaient s'excuser et être étonnés d'être vainqueurs. Je me rendis au ministère de l'intérieur où l'on me dit que j'étais le premier fonctionnaire arrivant de province.

L'état des esprits à Paris était effrayant : partout on se plaignait amèrement de l'insuffisance et de la mauvaise direction des opérations militaires. L'exaspération était grande et il était facile de prévoir de nouvelles journées de juin. La Commune éclata le 18 mars.

ment, je retrouvai dans les lettres laissées dans des havre-sacs de soldats qui avaient fui près de Busigny, les mêmes préoccupations. L'une de ces lettres disait : « Nous venons de Rouen, nous » avons traversé Beauvais où nous comptions nous arrêter pour » célébrer la Noël, mais l'ordre était de continuer à marches » forcées et nous nous dirigeons sur le Nord. C'est une guerre » interminable dont tout le monde est bien fatigué ».

Ce surmenage montre que les Allemands manquaient de forces, ce qui devait influer sur le moral du soldat. C'est à cette insuffisance qu'il faut attribuer l'impuissance de l'armée allemande dans le Nord, le retard apporté à l'envahissement de l'arrondissement d'Avesnes. Si on eût pu la doubler ou l'augmenter de moitié, tout eût été dit.

A la suite de la bataille de Saint-Quentin où, avec le combat de Vermand, l'ennemi eut environ 5.000 hommes hors de combat [1], un déserteur polonais arriva à Avesnes et me fut amené. Il parlait un peu français et demanda à être envoyé immédiatement dans la légion étrangère en Algérie : « On avait, me dit-il, été très étonné » de la bravoure des troupes françaises qu'on croyait démoralisées » et incapables d'une résistance sérieuse. C'est l'arrivée à la fin » de la journée de troupes fraîches qui avait tout décidé. On était » très fatigué de la guerre ».

Ces renseignements étaient confirmés par des personnes venues des pays envahis. Une information intéressante fut celle d'une femme arrivée à Laon, où elle avait été chanteuse dans un casino fréquenté par des officiers allemands dont elle avait dû connaître intimement les sentiments. D'après elle, on était surpris et inquiet dans l'armée de la longueur inusitée de la lutte, et on aspirait vivement à la paix.

*
* *

Cet état des esprits fut une des causes de la résolution prise par le roi de Prusse et le comte de Bismarck, de traiter de préférence avec le Gouvernement de la Défense nationale, non par sympathie, mais par calcul et nécessité. Ils redoutaient de voir la lutte se prolonger et s'envenimer, ils étaient étonnés des efforts

1. *Campagne de l'Armée du Nord*, par le général Faidherbe.

gigantesques déployés depuis environ cinq mois ; ils voyaient de nouvelles forces s'organiser et l'armée de la Loire, qui comptait 160.000 hommes à l'expiration de l'armistice, aurait fini par être doublée, triplée et aguerrie. Les armes commençaient à venir en abondance du dehors, les cadres s'instruisaient et on allait arriver aux mesures extrêmes. Occuper Paris, frémissant, menaçant, tôt ou tard révolté, et s'étendre encore dans l'intérieur de la France, obligeait à accroître les effectifs, à guerroyer constamment, à garder d'autres régions, de faire face à d'immenses dépenses. La lassitude dans l'armée allemande était grande et le jeu à la longue pouvait devenir funeste. C'était une nouvelle guerre de Trente ans. La diplomatie des autres peuples commençait à s'agiter, à vouloir intervenir et l'Autriche, alors administrée par le comte de Beust, l'adversaire de Bismarck, avait tout intérêt à profiter des difficultés de la Prusse pour essayer de reprendre sa revanche de Sadowa. Une défaite de cette dernière puissance et elle se décidait.

Dans les extraits de lettres ou mémoires de Thiers qui ont été publiés dernièrement, cet éminent homme d'Etat raconte que, négociant l'armistice et se refusant à certaines exigences, le comte de Bismarck lui apprit que Napoléon III, interné en Prusse, offrait de conclure la paix et de convoquer les maréchaux et généraux prisonniers comme lui, pour l'appuyer. Si ce récit est exact, ce serait une infamie et une trahison de plus de la part de gens qui, après avoir jeté d'un cœur léger la France et l'armée dans la plus sanglante et la plus coupable des aventures, avoir si mal conduit les opérations militaires ainsi que celles diplomatiques, auraient voulu encore aider l'ennemi à imposer, par un marchandage odieux, des conditions plus dures ! Et si les négociateurs allemands n'acceptèrent pas cette offre dégradante qui les rendait maîtres absolus, c'est parce qu'ils n'ignoraient pas que la conclusion de paix avec le démembrement du territoire était énergiquement combattue. Ils savaient que le Gouvernement de Bordeaux, ainsi que les principaux chefs militaires, étaient partisans de poursuivre la guerre à outrance, que les citoyens qui avaient patriotiquement concouru à la défense et qu'on avait menacés, dès le début, de déportation, etc., lors du retour de l'Empire, étaient gens à continuer quand même la lutte. C'est ce qui donna à réfléchir. Et, soit dit en passant, si la République a été fondée, existe, c'est uniquement aux hommes du Quatre-Septembre qu'on le doit. Sans eux, sans leur défense énergique, leur attitude résolue qui frappa, l'Empire revenait imposé par l'étranger. C'était le vasselage de la France avec une seconde invasion à bref délai, la ruine générale et un dernier démembrement. L'Empire aurait voulu enlever la tare de Sedan éternellement attachée à lui, faire oublier son imprévoyance si grande, par une nouvelle guerre à laquelle il serait fatalement condamné.

Quand, à la nouvelle de la signature de l'armistice, je télégraphiai à M. Paul Bert, alors préfet du Nord : « Mission finie, » envoyer le plus tôt possible successeur ». Je reçus cette réponse : « Paix non conclue, rester poste pour continuer lutte. » Le préfet était l'écho des sentiments qui régnaient. On serait parvenu à obtenir de meilleures conditions, si l'Assemblée nationale avait demandé une prolongation de la suspension d'armes, et mis moins de hâte à accepter la paix. Seul, le parti militaire voulait conserver Metz et le comte de Bismarck était hostile à cette prétention qu'il eût, en cas d'insistance, fait rejeter. On eût abouti à la neutralisation.

Les moyens de guerre de l'ennemi.

Ce chapitre offre quelque intérêt pour l'avenir : des réquisitions imposées avec l'appui de petits détachements parcourant l'Aisne et les Ardennes ; des contributions en argent et vivres dont la liste par commune était envoyée par le gouvernement de Reims aux maires des chefs-lieux de canton, avec menaces en cas d'inexécution, tels furent les procédés mis en usage dans le Nord-Est pour assurer le ravitaillement de l'ennemi, principalement sous Paris.

Des peines terribles et des amendes énormes étaient infligées aux villages qui se défendaient ou donnaient asile aux compagnies de francs-tireurs dont les hommes étaient fusillés. Il eût fallu leur créer une existence légale au point de vue militaire ; peut-être revêtir du même caractère certaines localités. Même sort était appliqué aux civils qui combattaient ou aidaient, et telle fut la fin si patriotique de plusieurs instituteurs qui furent mis à mort. Partout, ainsi qu'aux autres victimes, un monument devrait rappeler leur souvenir, et des distinctions spéciales être délivrées à leurs descendants. L'enlèvement d'otages et la bastonnade publique donnée à des maires et des prêtres, comme cela eut lieu près de Mézières où l'on fouetta des vieillards devant la population, furent encore des moyens employés pour terroriser et paralyser la défense.

Les Prussiens se rappelaient les morts et les difficultés de toute nature que leur avaient causés, en 1813-1814, les francs-tireurs et les embuscades de paysans.

Les soldats allemands étaient constamment sur leur garde et s'aventuraient rarement seuls. Les sentinelles attachaient à des piquets, en avant d'elles, des chiens qui les avertissaient au moindre bruit. Des fils métalliques avec sonnerie étaient parfois tendus. On a dit qu'au siège de Mézières, les assiégeants auraient dissimulé habilement leurs batteries par des fusées lancées d'autres points pour tromper l'artillerie de la place. Ils étaient renseignés, et probablement depuis longtemps, sur les ressources de chaque localité. Des soldats allemands, au Cateau, ayant travaillé dans l'arrondissement d'Avesnes, firent adresser des compliments à plusieurs fermiers qui les avaient occupés, en leur annonçant leur visite. Il fut, à cette occasion, question de changer les plaques placées à la bifurcation des routes.

Il faut rendre cette justice à l'armée allemande que sa discipline fut, en général, parfaite, et que l'obéissance y était aveugle. On savait, au besoin, mettre le soldat dans l'alternative de vaincre ou de mourir. On cite ce fait que, lors d'un des sièges de Saint-Quentin, 800 fantassins s'avancèrent sur cette ville ; derrière eux furent disposés 600 cavaliers chargés de sabrer les fuyards. Placée entre deux morts, dont l'une certaine en reculant, l'infanterie se laissa décimer et ne se retira qu'au signal de la retraite.

C'est chose terrible, barbare que la guerre, mais quand elle est déclarée, la vie des hommes compte peu, et force est de faire emploi de tous les éléments de lutte.

RÉSUMÉ

L'arrondissement d'Avesnes, pays de prairies, longeant la Belgique avec laquelle il communiquait par trois chemins de fer, et où l'ennemi aurait pu aussi s'approvisionner, devait tenter ce dernier. Mettre autant que possible cette riche contrée, ce grenier de vivres, à l'abri des incursions et réquisitions que subissaient les départements limitrophes, était la première et principale préoccupation à envisager. Elle eût été en proie aux mêmes exactions, si des moyens de défense n'avaient été rapidement organisés. Avesnes fut reclassé place de guerre, les grandes routes sur l'Aisne furent coupées et on arma 3 à 4.000 gardes nationaux. Un service de renseignements fut créé. On réunit les douaniers et on en composa un bataillon d'environ mille hommes. Plusieurs compagnies de francs-tireurs furent constituées ou autorisées, et, bien qu'ayant rendu peu de services, elles contribuèrent à tenir à distance l'ennemi.

Les compagnies de marche étaient en voie de formation dans la garde nationale pour défendre le pays et être incorporées dans l'armée active; les mobilisés, rapidement instruits, commençaient dans le Nord à combattre avec cette dernière quand l'armistice survint. Tout était disposé pour la levée des hommes mariés de 21 à 35 ans, auxquels on eût, sans doute, réuni les jeunes gens à partir de 18 ans. Un million de nouveaux soldats auraient pu être adjoints aux 300.000 hommes des armées de la Loire, du Nord, des Vosges, etc. Malheureusement le temps manqua et Paris capitulant entraîna avec lui la province.

A plusieurs reprises les communications par chemin de fer furent interrompues avec Lille, et l'arrondissement, entouré constamment d'ennemis, fut deux fois envahi. Si Landrecies, où heureusement un commandant énergique, à dessein choisi avant le siège de cette ville, avait été pris, un corps allemand s'installait dans cette place pour mettre à contribution le pays qui n'était plus protégé. Landrecies devenait le centre d'incessantes incursions ; Avesnes et Le Quesnoy étaient occupés et Maubeuge assiégé. Quant au détachement de cavalerie qui traversa l'arrondissement, il n'en serait pas sorti sans la défection du commanmandant de la compagnie de francs-tireurs dont le siège se trouvait au Quesnoy, et qui avait reçu l'ordre de s'embusquer sur son passage.

A part quelques rares défaillances, la population de l'arrondissement d'Avesnes, dont le passé est si glorieux, s'est patriotiquement conduite. Elle a eu, pendant la longue période mouvementée, ardente, de septembre 1870 à février 1871, la fièvre de la défense, de l'attente de l'ennemi. Aucun temps ne fut perdu, il n'y eut jamais d'interruption dans l'organisation des moyens de résistance, de lutte, et des journées entières, des nuits furent consacrées à cette tâche. On dut accroître les services, en tendre l'action, la durée, en improviser de nouveaux, comme les services d'approvisionnements, de renseignements, des mobilisés, des volontaires des pays envahis, des ambulances. Il fallait répondre aux circonstances se multipliant à courts intervalles et imprévues de cette douloureuse et brûlante époque. On était constamment sur la brèche, on s'attendait chaque jour à une invasion définitive et l'on vivait dans l'incertitude du lendemain. On a, au dire des personnes habituées, accompli en cinq mois à la sous-préfecture et à la sous-intendance le travail de dix années.

*
* *

En plus de l'œuvre de la défense de l'arrondissement, force fut de m'occuper de la défense nationale au dehors, d'agir seul, étant éloigné, isolé du centre des opérations, qui était les environs d'Amiens, et quoique cette tâche fût étrangère à ma mission. Mais tout saignait, sanglotait dans les départements voisins en grande partie envahis, rançonnés et soumis à l'arbitraire de l'ennemi. Il fallut, malgré de menaçantes responsabilités, marcher, agir pour le mieux et n'envisager que l'intérêt des populations abandonnées, essayer de les protéger.

Il y aurait eu beaucoup à faire dans le Nord-Est, contrée si favorable à une lutte avec faible effectif et à d'incessantes surprises. Malheureusement l'autorité militaire était démoralisée, manquait d'initiative, d'audace. C'était cependant le cas d'en faire preuve.

Nous aurions pu reprendre Sedan avec 80.000 chassepots, probablement nous emparer en même temps des 342 canons déposés dans le vieux château fort, peut-être obliger la faible garnison de 2.400 hommes qui occupait la ville et qui était isolée, apeurée, à se rendre. Le coup était à tenter et présentait des éléments sérieux de succès. Réussissant, on gagnait un matériel immense qui eût permis de doubler l'armée du Nord et une partie de celle de l'Ouest ; l'effet moral qui eût suivi la reconquête de Sedan, eût relevé les courages. Quelques jours, quelques heures sans doute, eussent suffi. La même colonne eût pu servir à capturer le camp en l'air de Boulzicourt avec ses 2.000 hommes. Sedan et Boulzicourt se trouvaient à peu de distance de Mézières, place de guerre qui eût pu servir de base d'opérations. Une force de quelques milliers de soldats, prélevés en majeure partie sur les garnisons de Givet, Rocroy et Mézières, aurait dû être installée en permanence dans cette dernière ville. Cette colonne, battant sans cesse les Ardennes et inquiétant constamment les lignes de ravitaillement de l'ennemi, eût rendu de grands services. L'exemple du trouble profond apporté aux communications de ce dernier par la destruction du petit pont de Fontenoy-sur-Moselle, montre ce qu'on aurait pu obtenir sur nombre d'autres points du Nord-Est qui a été à peu près entièrement négligé, oublié.

*
* *

La troupe de 6.000 soldats avec 12 pièces de canon de passage à Marles où elle devait coucher dans l'ignorance de la présence à Vervins d'une colonne française d'environ 5.000 hommes, était encore une occasion à saisir. L'ennemi, attaqué dans les ténèbres, eût été dispersé et son artillerie capturée.

***

Réthel surpris de nuit par une force plusieurs fois supérieure, aurait été probablement repris, et le détachement qui l'occupait fait prisonnier.

***

La mise hors de service de l'important tunnel de Vierzy, qui eût interrompu pendant un à plusieurs mois les communications de l'armée assiégeant Paris, était chose possible, réalisable et influente.

Que de réflexions attristantes et que d'amers regrets quand l'on songe au passé, aux phases si mouvementées de la lutte de 1870-1871, à tant d'erreurs commises, d'occasions manquées, de négligences apportées ! Que d'enseignements à mettre à profit et que de fautes à empêcher le renouvellement lors de la prochaine guerre ! Mais se mettra-t-on bien sérieusement en mesure d'en éviter le retour ?

Elles auront été nombreuses et auraient pu être prévues, empêchées pour la plupart. Elles montrent combien a été grande l'insuffisance du haut commandement militaire Il est facile pour s'en convaincre de rappeler les principales :

Les généraux Douay et de Failly se laissent surprendre successivement au moment même où leurs soldats mangeaient la soupe; la brigade du prince Murat reçoit sous Metz une grêle d'obus pendant que les hommes conduisaient leurs chevaux à l'abreuvoir. Par suite du même manque, en pleine France, de renseignements, d'avant-postes et de reconnaissances, le maréchal de Mac-Mahon va se buter, à Frœschwiller, avec 45.000 hommes contre 150.000 munis d'une formidable artillerie. Il se fait écraser après des prodiges de valeur et de dévouements héroïques, au prix de la vie de milliers de braves gens sacrifiés dont le courage eût pu être mieux employé. La perte de cette bataille donne en outre confiance à l'ennemi, retentit dans toute l'Allemagne et l'Europe, et affecte le moral de nos troupes.

Sous Paris, l'arrivée à Champigny du 3e corps après un retard de plusieurs heures, permet à l'ennemi d'écraser les deux autres corps. Le gain de cette bataille aurait eu une influence décisive sur le siège de la capitale.

Ces fautes sont déjà bien graves, elles ne sont malheureusement pas les seules commises, elles sont légion.

Après la défaite de Frœschwiller, le maréchal de Mac-Mahon abandonne sans combat les défilés des Vosges et sans faire sauter les tunnels, viaducs et ponts de chemins de fer dont les fourneaux de mines étaient chargés. « Rien n'égala la joie des Allemands, » dit un de leurs historiens, lorsqu'ils découvrirent qu'aucun » obstacle n'arrêta leur marche dans la traversée de la ligne des » Vosges ».

On pouvait, en défendant cette contrée montagneuse parsemée de difficultés, et en détruisant successivement les instruments de communication, retarder longuement la marche de l'ennemi et lui infliger des pertes sérieuses. Une étendue considérable du territoire national, forteresse naturelle, fut ainsi abandonnée précipitamment et contrairement aux règles militaires les plus élémentaires.

Le maréchal Bazaine possédait une armée composée d'officiers pleins d'énergie, de soldats aguerris et braves. Elle comptait 178,000 hommes, 39,502 chevaux et 520 canons, presque autant que l'ennemi. Celui-ci, au début, disposait d'un effectif moindre et l'armée de Metz, bien commandée, pouvait écraser un à un les corps qui arrivaient isolément se ranger, sans être inquiétés et comme pour une parade, autour de cette ville. Cette tactique retardait encore de plusieurs semaines l'investissement, permettait de renforcer les approvisionnements et de prolonger le siège. Elle donnait le temps à l'armée de sortir sans obstacle sérieux de Metz et de se réunir sous Paris à celle de Châlons. Avec la défense des Vosges on gagnait plusieurs mois. Ce gain se répercutait sur toute la France et en particulier sur Paris dont on augmentait les vivres, les forces et les défenses [1]. C'est le 27 octobre, près de deux mois après la marche précipitée,

1. Après la défaite de Frœschwiller, on recruta dans le Nord des terrassiers pour élever de nouvelles redoutes autour de Paris. Mais l'arrivée devant cette ville, le 17 septembre, de l'ennemi, empêcha d'achever ces travaux qu'on aurait dû depuis longtemps prévoir. C'est, actuellement, sous d'autres rapports importants, la même imprévoyance.

désordonnée et irréfléchie sur Sedan, que Metz capitulait [1]. Sans ces fautes multiples, Metz eût tenu jusque janvier, et Paris jusque avril ou mai. La situation alors changeait sous la capitale, dans l'Ouest, le Nord et le Centre de la France.

***

L'armée est ramenée de Châlons à Reims et de là dirigée subitement, sur ordre venu de Paris, vers Sedan, toujours sans aucun renseignement préalable sur la situation, les forces des troupes allemandes, sans plan, ni préparation. On allait à l'aventure, alors qu'à une distance moitié moindre, sur la route directe de Montmédy, existait Vouziers, centre des Ardennes, région non occupée par l'ennemi encore massé entre Commercy et Neufchâteau. Vouziers fut même traversé, dans la marche sur Sedan, par plusieurs détachements qui, à 15 kilomètres au delà, se heurtèrent à Buzancy à des escadrons saxons en reconnaissance. Verdun, situé entre Vouziers et Metz, était encore en notre possession. A Vouziers, l'armée pouvait s'installer en toute sécurité et s'organiser, ce qui, vu son improvisation, était bien nécessaire. Là elle se trouvait plus rapprochée de Metz, dans une contrée semée d'obstacles, connue par la campagne mémorable de 1792, et éminemment propre, vu son insuffisance numérique (140.000 hommes contre 250.000), à une lutte. Dans cette forteresse naturelle où elle était rejointe par la division du général Vinoy et successivement renforcée, les opérations présentaient plus d'éléments de succès et de durée. L'armée n'était pas menacée d'être acculée à la frontière comme à Sedan et coupée. Victorieuse, elle marchait sur Metz ; vaincue, elle se repliait sous Paris.

On cherche le mobile, l'objectif, le schéma de cette conception consistant à découvrir la capitale et à conduire de Reims, à l'extrême frontière, en l'éloignant de Metz, l'armée, et dans des conditions aussi déplorables, aussi peu calculées, après déjà tant de leçons ?

---

1. En novembre, arriva, à Avesnes, un sergent échappé de Metz, ce qui était, dit-on, aisé. Il portait, dissimulé sur sa poitrine, le registre des délibérations de la Commission civile des vivres dont il était le secrétaire. La Commission se plaignait d'avoir été réunie tardivement et observait que, par suite, il y avait déjà eu gaspillage de vivres. On perdit encore de cette façon un temps précieux.

J'envoyai le registre en question à Lille, et je fus étonné de ne pas voir figurer ce document accusateur dans le procès du maréchal Bazaine.

On ne pouvait choisir un terrain plus défavorable. L'état-major ennemi, qui connaissait mieux la topographie du pays et celle de Sedan, sorte d'entonnoir, ne s'y trompa pas. Son plan fut vite arrêté, et il n'attendit même pas qu'on vint l'attaquer entre Sedan et Metz, éloignés de 100 kilomètres, ce qui lui était cependant plus avantageux. Il craignit sans doute un retour et se dirigea à marches forcées sur la première de ces villes, où il accula l'armée française. Celle-ci, dont on n'avait pas même assuré la retraite sur Mézières et qu'on n'essaya pas de faire entrer en Belgique, fut étrangement livrée.

Ce fait, ajouté à tant d'autres preuves d'imprévoyance, d'incurie et d'incapacité, est encore la justification de la nécessité d'un contrôle supérieur.

Contrairement à ce qui a été fait pour les places de guerre, aucune enquête n'a encore eu lieu jusqu'ici sur les batailles livrées en 1870-1871. Cependant il y a là une étude très intéressante pour l'avenir.

*
* *

On a lu précédemment la déclaration du général Faidherbe qu'il eût fallu que Metz capitulât au milieu de décembre au lieu du 27 octobre, retenant jusque là l'armée allemande sous cette ville. Ce gain de temps permettait à l'armée de la Loire, qu'elle vint attaquer en novembre, de poursuivre sa première victoire à Coulmiers et de donner la main à la capitale.

*
* *

Et que d'autres responsabilités graves encourues !

Le ministre de la guerre, le maréchal Lebœuf, déclare au Corps législatif que pas un bouton de guêtre ne manque, alors que tout faisait défaut, et qu'il connaissait par les rapports confidentiels de notre attaché à Berlin, le colonel Stoffel, du général Ducros, à Strasbourg, la puissance militaire et prépondérante de la Prusse.

La guerre est entreprise à l'aventure, sans alliance, sans plan, sans ordre et avec des forces insuffisantes réparties en petits corps commandés, pour la plupart, par des généraux incapables et se jalousant. Le gouvernement cependant connaissait depuis longtemps les immenses ressources et préparatifs de la Prusse qui venait de vaincre l'Autriche.

L'ordre donné à l'armée de Châlons, forte de 140.000 hommes avec 486 pièces de canon, de se replier sur Paris est, par une inconcevable faiblesse du ministre de la guerre, révoqué sur les instances de l'impératrice régente parce qu'elle craignait une révolution. De là la marche insensée sur Sedan et la France sacrifiée à un désir de femme ignorante, affolée et agissant dans un intérêt personnel, dynastique [1]. Que n'eût-on accompli avec une semblable force sous Paris ?

A ces fautes, qui ont exercé une influence néfaste, il faut ajouter d'autres causes : l'insuffisance, en 1870, de nos voies stratégiques ; c'est encore la même insuffisance, aujourd'hui, comme nombre, puissance et disposition, comparativement à ce qu'a fait, depuis trente ans, l'Allemagne sur notre frontière de l'Est. La section de Metz à Verdun du chemin de fer de Metz à Châlons par les Ardennes, celle de Valenciennes à Aulnoye, étaient en cours d'exécution tardive quand la guerre fut subitement déclarée ; la première, ligne stratégique influente, aurait joué un rôle important, si elle avait été ouverte avant la guerre.

Notre corps d'artillerie avait refusé d'adopter le système des canons se chargeant par la culasse, dont l'emploi aida si fâcheusement les Prussiens, en 1870. Ceux-ci avaient remplacé les fusils à piston par des fusils à aiguille quand, plusieurs années après, notre administration de la guerre se décida à suivre cet exemple. Ils avaient imaginé la méthode des grandes manœuvres, excellent mode d'instruction militaire que nous leur prîmes après 1870-1871, comme nous copiâmes à peu près toute leur organisation ! Notre génie militaire n'était pas moins en retard, routinier, et manquait d'initiative ; non seulement il avait négligé de mettre les défenses de Metz, de Strasbourg et de Paris à la hauteur des progrès réalisés, mais encore il en était revenu aux vieilles méthodes de Vauban : à Lille, il avait simplement reporté un peu plus loin une partie des fortifications, sans rien y changer, alors que Paris avait été doté, de 1840 à 1844, de forts détachés ; et qu'on venait de décider la création d'une ceinture de forts, autour

1. Les journaux ont publié une lettre adressée d'Allemagne par Napoléon, prisonnier, à un de ses amis en Angleterre. Il y dit que c'est contrairement à toutes les règles que la marche sur Sedan eut lieu, et qu'elle a été ordonnée par des considérations dynastiques.

d'Anvers, avec zone d'inondation. On dépensa inutilement à Lille, de 1865 à 1870, trente millions de francs, somme qui représente environ le coût des forts qui furent exécutés à la suite de la guerre. Si cette ville, dominée par des hauteurs, avait été bombardée, elle n'eût pu tenir plus de vingt-quatre heures, malgré le patriotisme bien connu de ses habitants. On était loin des conditions de lutte de 1792.

On a vu se renouveler, en 1870, quelques-unes des fautes graves commises pendant la campagne d'Italie : absence de plan, de programme, de direction générale ; manque d'un service de renseignements, dont l'organisation sérieuse eût empêché la surprise de Magenta qui fut bien près de transformer cette victoire en une défaite ; insuffisance des approvisionnements, qui jouent un grand rôle, et dont le désordre fut la principale cause, avec la mauvaise utilisation de nos chemins de fer, des retards et des désastres de l'armée de Bourbaki ; défaut de tacticiens capables, comme durant la dernière guerre.

Ce n'est pas d'aujourd'hui que l'on se plaint du haut commandement militaire, dont le rôle est prépondérant, décisif ; des lacunes de notre organisation militaire ; de certaines défaillances et des négligences apportées. Le mal date de loin ; il continuera à se perpétuer si des mesures radicales ne sont prises, et il continue présentement. La France, si souvent éprouvée, victime, l'armée, cette martyre qu'on a fait battre, en 1870, dans des conditions si grandes d'infériorité, qui a été conduite à la boucherie, et a dépensé inutilement tant d'héroïsme, ont le droit absolu d'exiger l'établissement de garanties sérieuses, d'être pourvues de moyens suffisants de lutte, de posséder des services faisant constamment preuve d'initiative et de prévoyance. Tout cela manque ou est loin encore d'être complet, parfait. On ne veut plus se fier simplement à des promesses de réformes, à des déclamations solennelles qui ont été trop souvent démenties. Il faut, désormais, un contrôle réel, agissant d'une façon permanente, et revenir aux traditions de la première Révolution.

Depuis Dumouriez jusque Bazaine, la liste des généraux traîtres ou incapables est longue. Il importe de la clore définitivement si on veut éviter de voir se renouveler, à la prochaine guerre, les mêmes fautes, les mêmes revers, pour aboutir à un dernier démembrement et à la ruine générale. Ce n'est plus, en outre, cinq milliards qu'on exigerait en cas de défaite, mais le double et le triple.

La Convention, elle, après une expérience douloureuse des choses militaires, n'hésita pas à y mettre énergiquement ordre. Frappée des abus qui se produisaient, et de l'importance suprême de la défense, elle décida d'être représentée aux armées. Elle envoya des commissaires à chacune : ils enflammèrent les troupes, aidèrent les généraux, signalèrent les meilleurs, firent mettre en disponibilité ou en jugement les incapables et les traîtres ; et c'est ainsi que sortirent des rangs tant d'officiers remarquables [1]. La Convention institua, en outre, et dominant tout, le *Comité de Salut public* ou de Défense générale, dont fit partie Carnot. C'est à cette institution que fut due la remarquable organisation qui a remplacé l'ancien système militaire, et rendit de si éminents services. A partir de ce moment, les victoires se succédèrent, et la France, à la veille de succomber, tint tête à l'Europe coalisée, qu'elle finit par vaincre.

Le *Comité de Salut public*, n'envisageant que l'intérêt suprême de la patrie, fut impitoyable pour les responsabilités encourues, et alors, les désordres, les indisciplines, les négligences cessèrent comme par enchantement. Nombre de généraux et d'officiers payèrent de leur tête leur trahison ou leur défaillance : le général de Custine avait abandonné Francfort, découvert Mayence, et compromis la défense du Nord : il fut mis en jugement, reconnu coupable et condamné à mort. Le général Houchard, après avoir gagné la bataille de Hondschoote, laissa échapper l'armée anglaise, ce qui rendait en partie inutile cette victoire si chèrement remportée : il fut mis en jugement et envoyé à l'échafaud. Bien d'autres condamnations à divers degrés furent prononcées, et, après chaque bataille, une cour martiale frappait les défaillants. Aussi, du haut en bas de l'armée, une discipline de fer régnait, commandait la victoire, épargnant nombre d'existences, et c'est ce qui a souvent manqué en 1870-1871.

---

1. Le décret du 2 février 1793 porte :
« Que la Convention vivra au sein des armées, aura l'œil sur les places fortes et les » camps, par neuf commissaires investis du droit d'écarter les incapables, de punir les » indifférents, de foudroyer les traîtres ».
Le décret du 20 février 1793 décida :
« Que tous les Français de 18 ans jusque 40 ans seront déclarés en état de réquisition » permanente pour la guerre ».

Il est probable que Bazaine n'aurait osé enfreindre l'ordre qui lui avait été donné, en août, de se replier sur la Champagne, et n'eût pu consommer sa trahison, s'il avait eu près de lui des délégués, d'anciens officiers indépendants, ou, reconnu incapable, il eût été remplacé, rôle qu'aurait pu remplir son état-major qui voyait et laissait faire, retenu par un sentiment excessif d'obéissance, exagéré en pareille circonstance. Renfermé volontairement dans une place forte inaccessible, et avec laquelle le gouvernement de la Défense nationale essaya vainement de communiquer, Bazaine était maître absolu d'agir à sa seule guise.

C'est ce pouvoir formidable, sans contrepoids sérieux, du haut commandement militaire, trop écrasant en outre pour un seul homme, surtout avec l'importance des armées modernes et les nouvelles conditions de lutte, qu'il faut dégager. Il importe d'empêcher le retour des nombreuses fautes et des abus qui se sont succédés pendant la dernière guerre, surtout s'agissant prochainement et définitivement de l'existence de la France.

CONCLUSIONS

La situation actuelle. — La guerre inévitable. — La nécessité : 1° de créer de nouvelles voies stratégiques ; 2° d'étendre la ligne des forts sur le front Est de Paris.

L'organisation de notre défense militaire est encore loin d'être parfaite. On a sans doute beaucoup fait, comme l'Allemagne qui, de son côté, a mis largement à profit l'expérience de la dernière guerre ; mais il nous reste considérablement à perfectionner et compléter. Déjà même nous nous sommes laissé devancer, distancer sous certains rapports d'une grande importance. Plusieurs lacunes ont été précédemment signalées, il en est d'autres. Il est d'élémentaire prudence, après les dures leçons du passé, de ne plus rien négliger ou omettre, d'agir immédiatement, entièrement, d'être constamment en éveil et de ne pas ajourner. N'imitons pas Byzance. L'existence de la France et celle de centaines de mille citoyens, sont des enjeux trop considérables pour les risquer de nouveau à la légère. Il est prudent de ne pas se fier à des alliances momentanées, incertaines, changeantes, à des espérances. Il faut compter uniquement sur nous-mêmes et tout disposer en conséquence pour la lutte suprême, gigantesque qui s'avance. On pourra très probablement l'éviter si on est prêt, si on a su se mettre en bonne posture.

C'est d'ailleurs le système de l'Allemagne qui, malgré la Triple-Alliance et la supériorité numérique de son armée pour le cas de guerre, ne cesse depuis 1871 de renforcer son appareil militaire et ne néglige aucun détail. Elle pourra, au besoin, désintéresser la Russie par des cessions de territoire en Europe et décider par le même moyen l'Italie si mobile, si positive, à nous attaquer. Ce sont les intérêts particuliers, égoïstes de chaque peuple qui les font aujourd'hui agir, et, plus que jamais, c'est la Force qui prime le Droit, qui domine tout.

Les administrations de l'Etat ont une tendance fâcheuse à s'immobiliser, à demeurer en repos, à trop se désintéresser. Elles manquent d'émulation, d'initiative et sont routinières par nature. Des fonctionnaires n'ont rien à gagner à innover, presque toujours ils se créent au contraire des difficultés sans profit. Aussi répugnent-ils à changer le cours paisible de leurs occupations. Tel a continué à être le cas de la plupart de nos services après la guerre d'Italie qui avait révélé certaines lacunes, ce qui n'a pas empêché de les voir réapparaître en 1870. Bien que connues, signalées, elles s'étaient ancrées, maintenues, se maintiennent encore et ne disparaîtront que par l'emploi de mesures radicales.

On était, d'autre part, devenu, après la campagne d'Italie, optimiste, c'est le défaut de notre caractère national qui voit toujours tout en beau, est facile à éblouir. Il nous a perdu en 1870, et il menace de nous être encore funeste aujourd'hui. On est en train de le redevenir, de s'immobiliser de rechef, d'oublier, car trente-trois ans, équivalant à une nouvelle génération, se sont écoulés depuis la guerre; vingt-cinq ans ont passé depuis l'adoption d'un nouveau système de fortifications et la découverte de plus puissants engins. Tout cela est déjà ancien et on omet d'y parer. Comme sur mer où la lutte entre le canon et le blindage oblige à d'incessants renforcements et perfectionnements, le même antagonisme et plus grave, plus influent, règne sur terre. Il y a en plus cette circonstance considérable que l'Allemagne agrandie, à natalité plus puissante, peut mettre sur pied, instantanément en quelque sorte, plusieurs millions de soldats et disposer d'effectifs de plus d'un tiers plus élevés que la France. C'est un avantage énorme qui n'existait pas en 1870.

En Prusse, l'élément civil est consulté, il vient renforcer, compléter celui militaire et son concours, fort apprécié, a donné d'excellents résultats. Il se compose d'industriels intéressés et non de fonctionnaires. On n'y soulève pas des questions d'amour-propre comme en France, où tout ce qui ne vient pas d'une administration de l'Etat, d'une école spéciale, d'un service militaire, ne vaut rien et est l'objet de tracasseries qui rebutent et éloignent. Cette coopération est cependant indispensable et c'est de l'établissement Krupp qu'est sortie successivement l'artillerie perfectionnée, civile, qui a été un des instruments de nos désastres. Nous l'avons adoptée, mais trop tardivement, ainsi que bien d'autres innovations militaires de l'étranger qui nous a si souvent devancé et nous sert encore de modèle. L'Etat, en Prusse, n'a pas de ces arsenaux ou usines administratives qui pullulent en France, véritables ateliers nationaux où le travail revient plus cher que dans l'industrie privée, est effectué au moyen de vieux appareils démodés donnant en outre de moins bons produits, et qu'on désorganise, affaiblit encore en y introduisant la politique. On ne quitte pas les ornières traditionnelles, ce serait se créer des embarras, aussi les progrès sont-ils lents ou nuls. Entre l'outillage des établissements de l'Etat et celui des mêmes branches civiles, la différence est énorme comme l'initiative. Une réforme considérable s'impose. La meilleure solution consisterait dans la suppression la plus large possible des usines administratives, l'affermage d'un certain nombre d'entre elles, celles qui seraient reconnues absolument indispensables. C'est l'exception avec le développement de toutes les industries depuis quarante ans et les chemins de fer qui ont supprimé les distances.

On a pu apprécier combien, sous nombre de rapports, ont été grandes, en 1870-1871, nos conditions d'infériorité. Haut commandement militaire, administrations de l'artillerie, du génie, de l'intendance, tous ces services si influents, ces têtes, ont laissé énormément à désirer. Leur insuffisance a été la cause principale de nos revers, de la perte de milliers de vies et de celle de nos plus belles provinces.

On oublie encore aujourd'hui les expériences de la dernière lutte, et on ne se rend pas compte du rôle immense, prépondérant, bien plus prépondérant qu'en 1870-1871, que vont jouer continuellement dans la prochaine guerre les chemins de fer militaires, les transports rapides de masses, nouveau et puissant aide qui va, et bien plus, remplacer les jambes des soldats. Ils nous manquent en suffisance en France, alors que l'Allemagne, appréciant leur extrême importance, les a multipliés à l'intérieur et surtout sur notre frontière de l'Est, a racheté tous ceux ayant une valeur stratégique, les a militarisés et dotés d'un matériel spécial.

La prochaine guerre va être surtout caractérisée par l'emploi et le transport rapide de masses, de matériels, les évolutions de corps, et, sous ces rapports, notre situation, comme organisation, mobilisation, défense et offensive, est loin d'être favorable ou complète comparativement. Si elle n'était profondément modifiée, ce serait une série de nouveaux désastres, en dépit de tous les prodiges d'héroïsme qui seraient accomplis, et qui distinguent l'armée française. Il y a urgence, car nous sommes à la veille de grands événements qui menacent de nous prendre au dépourvu, et nous ne sommes pas prêts comme l'Allemagne, bien mieux outillée et disposée.

***

On ferait preuve d'un optimisme dangereux en supposant qu'il ne se produira plus désormais de guerre, et arguer de cette idée fausse pour rester dans le marasme, l'expectative, vivre passivement, et ne plus rien faire ou que fort insuffisamment comme c'est le cas. Les occasions de lutte, surtout avec l'état de paix armée qui caractérise l'Europe et l'accable, ne vont pas manquer. A tout moment il peut surgir un conflit général, il est appelé à éclater infailliblement. On voudra en finir.

L'Allemagne, elle, ne cesse de se préparer à cette éventualité. Elle étend, elle perfectionne constamment ses organes, ses instruments militaires. Elle ne s'endort pas dans une fausse sécurité, elle fait preuve d'une redoutable prévoyance et ne se nourrit pas d'illusions comme en France.

La mort de l'empereur d'Autriche va amener la dislocation de cette agglomération hétérogène de races diverses, de peuples profondément divisés, ennemis, et qui ont pu jusqu'ici être difficilement contenus. Les provinces allemandes, dont les aspirations à se réunir à la Prusse se manifestent hautement, publiquement, attendent impatiemment, pour réaliser leur idéal, la disparition de l'empereur François-Joseph qui connaît sa faiblesse, cause de sa vassalité, de sa soumission à Berlin qui le tolère. Elles y seront aidées par la Hongrie qui aspire, de son côté, à se constituer en état indépendant, à s'étendre, principalement en Orient. Si à ce moment proche la France est prête et en position de se faire écouter, elle profitera de cette occasion unique du remaniement de l'Europe pour obtenir une compensation et rentrer en possession de la Lorraine et de l'Alsace. Et si elle a pu se rendre puissante, elle sera entendue et satisfaite. Elle recevra au moins la même étendue de territoire ou le même chiffre de population que l'Allemagne acquerra.

Elle pourra encore profiter de cet arrangement pour convenir d'un désarmement général et d'un arbitrage international qui assurerait l'avenir contre toute nouvelle guerre. La suppression de la majeure partie des dépenses militaires qui pèsent si lourdement sur l'Europe et l'humanité, serait favorable à toutes les classes de la société, principalement à celles laborieuses, faciliterait la direction gouvernementale, et donnerait un élan considérable au travail. Mais il faut que la France soit réellement mise en état de se faire écouter, car elle ne peut laisser l'Allemagne, déjà si puissante, s'agrandir encore, refaire un nouvel empire de Charlemagne ou de Charles-Quint. Les causes d'inquiétude ne feraient que croître pour aboutir finalement à une guerre inégale. L'équilibre entre nations, déjà rompu, le serait complètement. Ce serait la vassalité définitive, le joug.

Il importe de ne plus retomber dans la faute si grossière commise en 1866, lors de la guerre entre l'Autriche et la Prusse, où la France demeura simple spectatrice. Elle aurait pu alors se faire donner une compensation et on s'y attendait en Allemagne [1].

---

1. Parcourant en 1867-1868 les provinces rhénanes, plusieurs habitants notables, principalement à Saarbruck, me dirent que l'opinion générale, pendant la guerre avec l'Autriche, était que la Prusse n'avait obtenu la neutralité de la France qu'en s'engageant, en cas d'agrandissement, qui fut formidable, à une cession de territoire. On s'attendait à Saarbruck même à une annexion. Notre abstention détermina la grandeur de la Prusse et prépara notre défaite en 1870. Nous avions diminué inconsidérément son ennemie l'Autriche, avec notre guerre d'Italie qui eut encore cette autre conséquence grave de faire de ce dernier pays un empire rival. Nous nous étions précédemment aliéné la Russie avec la guerre de Crimée, entreprise sans autre motif que de satisfaire l'Angleterre, alors notre alliée, et de rehausser la nouvelle dynastie. Nous nous étions encore affaiblis avec la guerre sentimentale, monarchique comme la précédente, du Mexique, sans compter les expéditions de Syrie, de Chine, etc. Plusieurs milliards avaient été ainsi gaspillés, et plus de 100.000 hommes avaient été immolés. Nous avons payé chèrement ces fautes lourdes en 1870-1871. Étrange politique où l'intérêt dynastique avait remplacé l'intérêt national.

Depuis vingt-cinq ans, nous sommes entrés dans une autre voie d'affaiblissements avec la conquête de colonies que nous ne pouvons peupler, manquant de population en France même où il reste tant à faire. Déjà, à elle seule, l'Algérie, si rapprochée, nous a coûté

Il est certain que l'Italie recevra les provinces italiennes de l'Autriche dans le prochain démembrement de cet empire, comme elle a obtenu la Vénétie en 1858, cette éventualité ne paraît faire aucun doute. Et si, en ouvrant dernièrement le plantureux marché de la France aux produits de l'Italie — ce qui lui a rendu sa prospérité et procuré le nerf de la guerre, — il n'y a pas eu accord secret prévoyant sérieusement l'avenir, notre diplomatie aura ajouté une nouvelle faute à celles si nombreuses qu'elle a commises depuis cinquante ans.

La question d'Orient, devenue plus aiguë avec la création de jeunes royaumes et états désireux de s'étendre, est une seconde matière inflammable qui mettra tôt ou tard le feu à l'Europe. La Turquie, cette autre agglomération de races ennemies, renferme les mêmes germes de dissolution que l'Autriche. L'homme, depuis si longtemps malade, finira par succomber, et son héritage sera partagé au profit principal de la Hongrie et de la Russie que l'Allemagne satisfaira.

Enfin il ne faut pas se dissimuler que l'extension des idées socialistes en Allemagne est menaçante pour la monarchie militaire et féodale de ce pays. Celle-ci, pour sortir d'une situation qui peut l'emporter et rétablir son prestige, son autorité, fera usage du dérivatif dynastique habituel en pareil cas : une guerre avec la France, l'ennemie héréditaire à laquelle on cherchera « une querelle d'Allemand. »

C'est ce besoin de dérivatif qui a décidé l'Empire à provoquer la guerre de 1870 pour sortir de difficultés intérieures.

Les occasions d'un conflit ne vont pas manquer, et, d'un moment à l'autre, la guerre peut éclater et est appelée à éclater infailliblement.

---

environ vingt milliards pour arriver actuellement à 700.000 colons dont il faudrait défalquer les nombreux soldats, qui y ont été sacrifiés depuis 1830. Nous y sommes encore campés, détestés. De semblables résultats auraient dû nous servir de leçon. Nous nous sommes néanmoins emparés du Tonkin, de la Tunisie, de Madagascar. Ces immenses territoires absorbent, avec diverses possessions dans l'Océanie, des forces importantes détournées de la défense de la métropole. Celle-ci se voit obligée à des dépenses considérables, véritable tonneau des Danaïdes, alors qu'on néglige forcément la France qui serait le plus productif pays d'Europe si on savait tirer parti de ses richesses naturelles et de sa situation privilégiée. De là des causes d'affaiblissement militaire et financier que ne subit pas l'Allemagne. Il faudrait que nos colonies, qui comptent environ dix millions d'habitants, se gardent mutuellement ; qu'on y applique nos lois militaires, ce qui nous procurerait 50 à 100.000 soldats en plus, et que, désormais, elles se suffisent pécuniairement.

L'Allemagne, toujours attentive, toujours prévoyante s'y prépare activement en renforçant continuellement ses moyens d'action. Rien n'échappe à la clairvoyance de ses hommes d'état. Nous sommes loin de déployer en France la même activité, la même sollicitude, le même esprit pratique. Elle ne cesse, depuis 1871, toujours et présentement encore, de couvrir d'ouvrages de guerre l'Alsace et la Lorraine, transformées en un immense camp retranché où un million de soldats peuvent être concentrés, être entièrement à l'abri, et prêts à la grande invasion méditée. La Prusse a, dans ce but, multiplié ses voies stratégiques. Elle possède présentement douze lignes de chemins de fer aboutissant à notre frontière et établies à dessein, dans un but déterminé. Elle peut, en quelques jours, jeter un million d'hommes en France pour écraser nos faibles effectifs de l'Est. Ceux-ci ne sauraient être renforcés à temps, faute de moyens suffisants et rapides d'expédition, surtout s'agissant aujourd'hui du transport de contingents énormes, de quantités immenses de matériel, munitions et vivres, tous éléments que nous sommes loin de posséder à un pareil degré. L'objectif de l'Allemagne est visible, son plan est habile, l'opération, la manœuvre seraient foudroyantes, et nous n'avons rien fait ou que très insuffisamment pour parer efficacement à ce danger redoutable. Dès le début nous serions accablés.

Il s'agit aujourd'hui de millions de combattants, ce qu'on n'envisage pas, et ce ne serait plus 250.000 hommes qui viendraient entourer Paris en cas de défaite comme en 1870, mais un million et, à son tour, l'enceinte fortifiée érigée en 1874 devient insuffisante en présence de cette nouvelle tactique, exige impérieusement de nouveaux compléments. L'Allemagne possède présentement 58 millions d'habitants alors que la France n'en renferme que 38 millions. Elle n'a pas comme cette dernière nombre de colonies à garder et difficiles à contenir en cas de guerre, ainsi que telle a été la situation lors de l'Algérie révoltée en 1871.

Ce sera à nouveau l'application prochaine, ou sa tentative déjà préparée, du système écrasant des masses, des forces supérieures, qui a si bien réussi à la Prusse en 1870-1871. Les nouvelles lignes frontière ont été, de toute évidence, construites en vue de cet objectif et tout est prêt à fonctionner. Dans le même ordre d'idées le gouvernement allemand a racheté les réseaux de chemins de fer, les a militarisés et pourvus d'un nombre de locomotives et de wagons supérieur au nôtre qui, en outre, est disséminé entre les mains de compagnies particulières, actionnaires avant tout. Ce sont tous avantages considérables que nous sommes loin de réunir dans les mêmes proportions et qu'il importe à notre tour de réaliser. Il faudrait, en outre, compenser l'importance numérique sensiblement plus grande de l'Allemagne, par d'autres éléments supérieurs de lutte. On le peut comme on le verra.

L'insuffisance de nos voies stratégiques n'est pas douteuse, elle a déjà été signalée, mais vainement. Aucune étude n'est faite, aucun programme n'est établi et nos administrations militaires dorment aujourd'hui comme à la veille de 1870. L'exemple du travail si persévérant de la Prusse devrait les frapper et les tenir éveillées. Faudra-t-il donc de nouveaux désastres pour les faire sortir de leur léthargie et les décider, trop tard encore, à marcher? La question est cependant d'une importance capitale, la future guerre va avoir pour base principale, décisive, les chemins de fer. Nous sommes restés très en arrière sous ce rapport, et il y a urgence à agir.

Il importe notamment d'établir à bref délai les lignes suivantes :

D'Arras à Laon par Saint-Quentin avec complément direct sur Lille par un embranchement se détachant de cette dernière ville sur Lens par Gondecourt et Pont-à-Vendin. De la voie récemment concédée de Lens à Brebières au chemin de fer de Douai à Cambrai-Busigny par ou près Vitry. De Busigny-Saint-Quentin à Verdun par Réthel et Vouziers. D'Arras à Chaulnes-Paris. De Châlons-sur-Marne à Epinal par ou près Revigny et Neufchâteau avec complément de Neufchâteau à Aillevillers-Belfort par ou près Contrexéville. Il y a aussi à dédoubler certains chemins de fer soit à une voie, soit ceux à deux voies trop surchargés ou, dans ce dernier but, et ce qui serait préférable, même plus économique, construire des sections parallèles. C'est déjà la situation des chemins d'Arras à Longueau-Amiens et d'Arras à Hazebrouck par Béthune ; leur tonnage transporté a atteint un chiffre dont l'élévation, déjà dangereuse, les rendrait insuffisants infailliblement en cas de lutte. Ce sont, avec l'augmentation du matériel, les instruments de guerre les plus urgents à établir à bref délai, et il en est d'autres.

L'extension de notre réseau stratégique doit viser principalement notre frontière de l'Est qui va être menacée par l'envahissement rapide de forces ennemies immenses, est ouverte par suite, et Paris à transformer en un vaste camp de concentration.

On a créé, depuis 1874, le long du Rhône, entre Lyon et Tarascon, une longue ligne parallèle à ce fleuve qui constitue déjà, par lui-même, un instrument d'expédition et de défense, ligne touchant presque celle existant sur la rive gauche. On a invoqué pour construire cette nouvelle voie ferrée, à faible trafic et éloignée du futur théâtre de la guerre, l'intérêt de la défense nationale. Ce sont trois instruments de transport rapprochés. A bien plus forte raison doit-on mettre à couvert par l'établissement d'un réseau militaire, de voies stratégiques, notre frontière de l'Est autrement exposée que la vallée du Rhône ; de même Paris.

Il suffirait à l'État de garantir un revenu de 3 %, taux actuel des obligations de chemins de fer, pour réaliser la construction, sans bourse délier, des lignes signalées, Etablies dans des régions populeuses et industrielles, leur trafic couvrirait déjà ce faible produit. Le Trésor y gagnerait avec l'augmentation d'impôts qu'elles procureraient. Ainsi le réseau de la Compagnie du Nord verse à l'État, en recettes diverses et directes, 8.000 francs en moyenne par kilomètre, ou l'intérêt à 3 % d'un capital de 265.000 francs. A cette recette il faut ajouter les avantages suivants : 1° les transports à prix réduits des administrations publiques ; 2° l'accroissement des impôts que provoque, sur son parcours, tout nouveau chemin de fer ; 3° l'abaissement des frais d'entretien des routes parallèles à ce dernier. Une autre considération décisive, c'est qu'on crée à la nation une propriété destinée à lui revenir gratuitement, tout en faisant progresser les éléments de travail et de bien-être.

La reprise d'un ou plusieurs réseaux frontières, qui est de droit, serait favorable. En outre qu'elle aurait pour résultat de procurer un incomparable instrument de défense et de lutte appelé désormais à jouer un rôle décisif, d'autre part, au point de vue financier, d'un affermage, il y aurait avantage rapide, multiple.

Les réseaux Est et Nord, bases capitales des transports dans le futur conflit, devraient être, à l'exemple de l'Allemagne, acquis par l'Etat et militarisés comme elle l'a déjà fait. Il a la faculté de rachat à 5 % de leur revenu qu'il paierait par annuités dont l'importance lui est assurée par la recette équivalente qu'il encaisserait, simple virement, et il profiterait des augmentations naturelles de trafic devant se chiffrer par plus-values de 40 à 50 °/ₒ par chaque période de dix ans. Rien ne l'empêcherait de confier l'exploitation des deux réseaux réunis à une société fermière dont il serait le maître absolu, et à laquelle il garantirait un revenu minimum de 3 °/ₒ, d'où un gain déjà de 2 °/ₒ. L'Allemagne, qui a compris l'importance extrême des chemins de fer au point de vue militaire, n'a pas hésité à agir radicalement en rachetant et en exploitant directement ces nouveaux instruments merveilleux dans l'art de multiplier les soldats et les canons, comme tel a été le cas, restreint il est vrai, en 1870-1871, mais qui a éveillé l'attention. Ici encore, nos adversaires nous ont précédé dans cette nouvelle tactique. Cette lacune considérable dans notre organisme militaire, est à combler à bref délai si nous tenons à ne pas nous retrouver dans des conditions accablantes d'infériorité lors de la future guerre, peut-être plus accentuées même; à ne pas voir se renouveler une nouvelle campagne désastreuse de 1870-1871.

*
* *

Une autre nécessité de la défense qui domine tout, est celle de rendre Paris ininvestissable, de façon à maintenir toujours les communications entre la capitale et la province, d'en faire la base des opérations. Cette situation prépondérante serait créée en prolongeant l'enceinte actuelle fortifiée faisant face à l'Est. Au Sud, les nouveaux forts pourraient partir de celui de Villeneuve-Saint-Georges, gare du chemin de fer de grande ceinture, pour suivre la Seine jusque Moret, et le canal de Moret à Briare-sur-Loire où serait édifiée la dernière forteresse.

D'autre part, continuer au Nord-Ouest la ligne des forteresses le long de la Seine jusqu'au point où ce fleuve est accessible à des canonnières. Cette extension aurait l'avantage, tout en empêchant de tourner la capitale, de conserver une porte ouverte sur la mer et nos ports du littoral du Nord. Il serait plus avantageux de préférer à cette dernière ligne une série de forts entre Paris et Sedan, par Reims et Vouziers, en vue de couvrir le Nord de la France si populeux, de le relier à la défense centrale sous Paris. Cette disposition permettrait à une armée de descendre jusque Sedan à l'improviste, en toute sécurité et par chemin de fer, pour attaquer et inquiéter constamment, rapidement, et sur tout point, l'ennemi. Celui-ci, menacé à tout moment dans sa base, se verrait obligé d'immobiliser dans l'Est des forces considérables et bien supérieures à celles en position de l'attaquer qui seraient toujours assurées d'une retraite sous la ligne des forts. Ce serait une première et puissante compensation à l'avantage numérique des troupes allemandes. Nous conserverions en outre des communications avec la Belgique, et nos ports du Nord seraient à l'abri.

***

L'enceinte Sud-Est étendue jusque Briare constitue une section très importante et pressante. En se plaçant dans l'hypothèse la plus défavorable de la guerre, éventualité qu'il faut toujours envisager, calculer, ce qu'on a oublié en 1870, l'ennemi, pour passer comme à cette dernière époque à l'Ouest de Paris, se poster en face de Versailles, de Palaiseau et de Savigny-sur-Orge pour un nouvel investissement complet, rencontrerait nombre de difficultés en quelque sorte insurmontables. Il devrait descendre jusqu'au-dessous de Briare, franchir la Loire et la repasser près d'Orléans. Mais une semblable opération, qui exigerait des forces énormes, qui ne pourrait s'effectuer qu'après une série de luttes malheureuses et en grande partie par routes, éloignerait l'ennemi de sa base et l'exposerait à nombre de dangers. Il suffirait aux troupes massées sous Paris, de suivre la ligne des nouveaux forts situés contre la voie ferrée, pour prendre à revers et à tout instant l'ennemi. Le ravitaillement de ce dernier, menacé de même par la ligne des forts du Nord-Est, serait rendu bien difficile.

Son grand objectif, qui est de bloquer Paris comme en 1870-1871, de le prendre par la famine pour imposer la paix, serait désormais irréalisable. La situation serait renversée, et une semblable opération, qui exigerait des effectifs disproportionnés, des éléments immenses de ravitaillement au loin, présenterait des conditions tellement périlleuses et si contraires à celles de la dernière guerre, que l'ennemi n'oserait la risquer.

Voudrait-il laisser de côté Paris, et s'enfoncer dans la région Sud-Est, si accidentée, et celle du Centre, il s'exposerait aux attaques des forces concentrées sous la capitale et par le Nord-Est, en supposant établie de ce côté la deuxième ligne des nouveaux forts. Ce n'est plus seulement Paris qu'il doit conquérir mais la France entière. Et, en supposant à l'ennemi les chances les plus favorables, il lui faudrait une lutte de plusieurs années qui l'épuiserait, pour essayer de réaliser un plan aussi gigantesque. Ce serait une nouvelle guerre de Troie mais, cette fois, avec l'issue opposée.

D'autres motifs viennent à l'appui de l'extension, au Sud-Est et vers le Nord-Est, de la ligne actuelle constituant présentement la défense *locale* de la capitale : c'est l'obligation de tenir compte des nouvelles conditions de lutte qui seront bien différentes de celles de 1870-1871. L'Allemagne, qui n'a pas de colonies à garder et, ainsi qu'il a été signalé, possède une population supérieure de plus d'un tiers à la nôtre, ce qui représente une différence identique d'effectif, et lui permet de prendre l'offensive, l'Allemagne dispose aujourd'hui de plusieurs millions de soldats qu'elle peut mettre instantanément en mouvement. Nous avons perdu les places fortes de Thionville, Metz et Strasbourg, et la nouvelle frontière est plus rapprochée de Paris. Nos nouveaux forts, dits d'arrêt, établis il y a une trentaine d'années sur la limite du territoire, et forcément à petite garnison, sont des palliatifs devenus complètement insuffisants. L'ennemi se bornera à laisser un détachement devant chacun d'eux, et franchira rapidement notre frontière. Nos trop faibles effectifs dans l'Est seront attaqués immédiatement par un à deux millions d'hommes amenés par les nombreux chemins de fer établis dans ce but.

A la suite de l'attitude menaçante de l'Autriche et de l'Angleterre, en 1840, le gouvernement d'alors, qu'on avait mis à deux doigts de la guerre et qui dut reculer honteusement, fit décider la construction de forts détachés autour de Paris. C'était une innovation heureuse pour l'époque et faire preuve de longue prévoyance. Après 1871, une nouvelle ceinture de forts a été tardivement érigée, mais, vu l'importance des armées actuelles, les progrès énormes réalisés depuis, surtout en matière d'artillerie, et les préparatifs de l'ennemi, son objectif, la guerre inévitable, cette ceinture est devenue, à son tour, insuffisante. Elle ne répond plus à la nécessité d'empêcher, à nouveau, Paris d'être investi, isolé de la France, d'en faire une base centrale d'opérations. Et ce n'est pas la seule lacune à combler, l'unique perfectionnement à apporter à notre armement, à notre organisation.

Après les invasions de 1814-1815, nombre de places fortes furent créées ou complétées, entre Strasbourg, Metz, Lille et Amiens ; elles étaient, entre parenthèses, restées à peu près toutes dans le même état quand surgit la guerre de 1870. Les forts à établir au Sud et au Nord-Est de Paris exigeraient relativement des dépenses moins élevées qu'à cette époque, et leur nécessité est bien plus justifiée.

Des avantages multiples résulteraient donc du renforcement de la défense de Paris devenant celle de toute la France, de l'établissement d'une ligne de forteresses dans le Nord-Est ou le Nord-Ouest, et de la création de voies stratégiques, en réponse aux nombreux chemins de fer construits contre notre frontière et à la transformation de l'Alsace et la Lorraine en une immense place de guerre en quelque sorte inaccessible, et refuge assuré. La nouvelle organisation vaudrait plusieurs armées et alliances, assurerait la sécurité et rendrait confiance au pays, au soldat. Elle donnerait à réfléchir à l'ennemi qui ne serait plus tenté, comme le cas s'est déjà présenté à diverses reprises depuis 1871, d'essayer de provoquer une nouvelle lutte dans l'espoir, vu nos conditions actuelles d'infériorité, de nous vaincre. Formidablement installée et outillée, la France serait prête à repousser victorieusement toute agression. Elle ne se trouverait plus dans une posture inquiétante, effacée, dans la crainte constante d'une guerre inégale, dans un état douloureux de dépendance et de vasselage en quelque sorte. La paix serait assurée car on n'oserait l'attaquer. Dans les grandes questions internationales qui vont surgir et qui auront pour conséquence un remaniement de la carte d'Europe, il faudrait compter avec elle, l'écouter, car redevenue forte, elle se trouverait en mesure de se faire entendre. Elle ne s'exposerait pas à être considérée dédaigneusement comme une puissance de second ordre, comme une quantité négligeable. Elle se serait mise en état de faire valoir ses droits à une juste compensation.

***

Une question se pose, celle de réunir les ressources indispensables pour faire face aux dépenses que nécessiterait l'établissement des nouveaux moyens de défense en France.

On pourrait répondre que lorsqu'il s'agit de l'existence d'une nation de 38 millions d'habitants, de ses biens, de la vie de milliers d'êtres, de sa grandeur, de son travail, car un nouveau traité de Francfort frapperait, ruinerait ce dernier, et dans le but d'éviter une guerre qu'on peut considérer comme inévitable avec l'insuffisance si grande de nos éléments actuels de lutte, on ne doit pas hésiter à faire les sacrifices voulus pour éviter ces redoutables conséquences. Dut-on augmenter les impôts de 5 à 10 °/₀ pendant plusieurs années de façon à constituer une contribution spéciale, il y a lieu de s'y résoudre résolument [1].

Si, avant 1870, le gouvernement, qui était cependant averti comme celui d'aujourd'hui l'est, avait pourvu le pays d'instruments suffisants de défense, des sommes énormes eussent été épargnées, cent mille citoyens n'auraient pas été sacrifiés, et nous n'aurions pas été amputés de nos deux plus belles provinces; une situation menaçante, humiliante, qui, nouvelle épée de Damoclès, est tenue suspendue sur notre pays, au gré du caprice d'un souverain, n'eût pas été créée. Un particulier, sachant qu'il peut, à tout moment et sous le moindre prétexte, être attaqué, n'hésiterait pas à se mettre en garde. Il s'entourerait, quoi qu'il lui en coûtât, de précautions; il les multiplierait et les exagérerait même par excès de prudence. C'est la position d'une nation battue hier, et qui peut, à tout moment, être attaquée dans des conditions qui rendraient bien difficile une résistance sérieuse, et qui en voit les préparatifs.

Mais ces ressources, il est possible de les réunir sans trop charger les contribuables, sans avoir peu à leur demander.

L'écart entre deux forts, avec parfois redoute intermédiaire, paraît devoir être évalué en moyenne à cinq kilomètres, et variable suivant les cas. La distance, entre le fort de Villeneuve-Saint-Georges et Briare, étant de 125 kilomètres, il faudrait donc vingt-cinq forts.

---

1. *Le Temps* du 13 décembre 1903 résumant les débats du Parlement de Berlin sur le budget, constate que la somme d'impôts par habitant s'élève en Allemagne à 127 francs, en France à 92 francs.

En supposant une dépense de 10 millions de francs pour chacun, 250 millions seraient nécessaires.

La même somme pourrait être affectée à la prolongation de la ligne actuelle des forts au nord-ouest de Paris.

Si, en place de cette dernière, une série de forteresses était établie entre Paris, Vouziers et Sedan-Mézières, quarante forts seraient indispensables.

Les deux premières lignes coûteraient 500 millions, la première et la troisième 650 millions ; 700 millions avec une défense mobile sur la Loire, qui pourrait, aussi, servir à inonder une zone d'une certaine étendue, à créer de nouveaux obstacles.

On peut même se baser sur une dépense d'un milliard avec l'installation, dans les forts, d'une artillerie fixe à plus longue portée que celle de l'ennemi, forcément plus légère, et d'autres compléments.

L'argent affecté à ce but patriotique ne quitterait pas la France, comme les cinq milliards d'indemnité imposés en 1871, sans compter d'autres milliards de pertes.

La dépense, eu égard aux résultats, ne serait donc pas excessive; elle pourrait être répartie en plusieurs années. Reste à trouver les sommes nécessaires.

*
* *

Nous avons deux budgets militaires : ceux de la marine et de la guerre. Le premier peut être momentanément réduit, et les disponibilités en résultant seraient appliquées à notre défense de terre. Cette dernière est, on a pu l'apprécier, infiniment plus pressante, plus justifiée que celle maritime. On construira moins de navires pendant quelque temps, l'économie sera importante puisque chacun d'eux coûte, aujourd'hui, 30 à 40 millions de francs ; encore, deviennent-ils d'un système inférieur après quelques années, et à remplacer. A quoi bon, d'ailleurs, toujours accroître nos flottes, si l'Angleterre qui, elle, a décidé pratiquement de n'avoir que ce seul budget militaire, d'y consacrer la majeure partie de ses dépenses de guerre, construit deux navires quand nous en créons un ?

La Grande-Bretagne possède une marine militaire équivalente aux marines réunies de l'Europe ; elle a le droit de réquisition de navires et de matelots, et dispose par suite de réserves immenses. Toute lutte sur mer est donc impossible et serait fatale, comme tel a été le cas de la guerre récente entre les États-Unis et l'Espagne. L'histoire montre que, presque toujours, l'Angleterre nous a été supérieure. Le danger n'est pas, d'ailleurs, dans cette direction, il est tout entier du côté de l'Est, et, là, le problème se pose d'une façon redoutable, poignante, exige une solution immédiate.

Rien ne menace la paix entre les deux pays, et nous avons tout intérêt si un différend, qui ne peut qu'être secondaire, venait à surgir, à s'en rapporter à un arbitrage, mode de nature à sauvegarder l'amour-propre national des deux parties. Aussi, l'accord conclu récemment, dans le but de faire résoudre pacifiquement, par la cour internationale de La Haye, tout litige entre l'Angleterre et la France, nous est-il favorable. C'est de la bonne, humanitaire et habile politique dont on ne saurait trop féliciter les promoteurs. Elle nous rend, désormais, libre de réduire largement nos dépenses maritimes, de faire des excédents l'usage que nous jugerons. Un autre avantage de ce nouvel état de choses, c'est qu'il rend disponibles cent mille soldats et marins, tout en diminuant nos frais de garde des colonies, qui n'étaient pas sérieusement défendables en cas de guerre avec l'Angleterre.

Le gouvernement anglais a déclaré, il y a déjà quelques années, qu'il était disposé à limiter les dépenses navales du moment qu'il y avait réciprocité. Cette offre visait spécialement la France. Et si notre diplomatie, dont on critique le manque de prévoyance, d'habileté, de tact et d'étude — trop souvent simple décor fastueux — avait saisi alors la balle au bond, elle se serait renseignée immédiatement. Une entente est plus que jamais possible en vue de restreindre largement des deux côtés de la Manche les armements maritimes, et c'est de profiter des bonnes dispositions actuelles, pour trancher rapidement cette question si importante pour le renforcement de notre défense de terre. On est navré de l'insuffisance de certaines de nos grandes administrations de l'Etat alors qu'il reste tant à faire pour le développement d'un pays aussi riche, aussi bien doué que la France, et de l'infériorité, de l'impuissance de notre système électoral et parlementaire qu'il y aurait lieu de perfectionner.

*

*
* *

Tous nos efforts doivent judicieusement se concentrer sur notre défense de terre, objectif suprême trop négligé et auquel il importe de tout subordonner. Nos administrations militaires semblent, après la période d'initiative qui a suivi 1870-1871, être retombées dans leur repos traditionnel. C'est l'histoire qui se répète. Elles ont cependant devant elles les immenses et continuels armements de l'Allemagne sur notre frontière de l'Est; ils redoublent, on les active depuis quelques années, en ce moment même. Les avertissements ne manquent donc pas, et peut-être a-t-on déjà trop tardé. La Prusse, elle, n'arrête pas, son plan est visible : l'offensive, une invasion par masses, l'écrasement comme en 1870-1871 de nos trop faibles effectifs, isolés encore, difficiles à secourir efficacement à temps avec l'insuffisance de nos moyens de transport sur l'Est, de nos propres forces, et finalement l'investissement à nouveau de Paris. Tel est le programme et tout est disposé de l'autre côté de notre frontière pour essayer de le mettre à exécution. Encore une fois nous ne serions pas prêts.

Il n'y a donc pas une minute à perdre pour déjouer ce plan et parer à ces redoutables éventualités. Pour plus de rapidité dans l'exécution des travaux de défense, on pourrait créer des annuités amortissables jusqu'à concurrence de 700 millions ou d'un milliard, annuités imputables sur les économies qui seraient réalisées dans le budget de la marine.

*
* *

Il y a en outre d'autres éléments de ressources, par exemple la réduction de nos dépenses coloniales, véritable gouffre qui a déjà englouti des milliards, nombre d'existences, et absorbe des forces importantes. Si en 1870-1871 nous avions eu en France, au début de la guerre, les 50.000 soldats qu'elles immobilisaient, peut-être la face des choses changeait. Nos colonies, qu'on a démesurément étendues, ont toujours été pour la métropole une cause d'affaiblissement militaire et financier.

Le domaine de l'État pourrait être en partie aliéné et avec profit. Il se compose en majeure partie de bois qu'on utilisait autrefois pour la construction de navires, et qu'on a remplacés par des métaux. Il rapporte net 1 à 2 °/₀ alors que nous empruntons à 3 °/₀. L'agriculture, de son côté, ne pourrait que gagner à la mise à sa disposition de nouvelles terres [1]. Il est encore d'autres ressources qu'on pourrait réaliser.

*
* *

La présente brochure est un grand cri d'alarme, d'angoisse patriotique. Elle a pour but principal d'attirer l'attention sur les immenses préparatifs de l'Allemagne, les prochaines causes de guerre et sur plusieurs lacunes de notre défense nationale. Il est deux de ces dernières qui ont surtout une grande importance, qui auraient une influence décisive, désastreuse. La première, est l'insuffisance de nos voies stratégiques en matière de chemins de fer, notamment en ce qui concerne les relations avec notre région de l'Est et Paris. La deuxième, est la nécessité de rendre cette dernière ville ininvestissable et inexpugnable, de faire de la capitale un immense camp de concentration restant en communication constante avec le reste de la France. Paris deviendrait le principal centre des opérations de la prochaine guerre, en prolongeant au Sud et au Nord-Est la ligne actuelle des forteresses, ce qui le rendrait inaccessible. L'enceinte fortifiée actuelle ne répond plus aux conditions nouvelles de lutte qui vont être bien différentes de celles d'il y a trente-trois ans. Paris avec son vaste pourtour et ses chemins de fer multiples ; avec ses immenses réserves de forces pouvant être transportées rapidement, impunément et par masses à grande distance, à l'abri, en cas de retraite, sous la ligne des forts, serait comme une épée dont la pointe irait frapper à volonté, à l'improviste, instantanément en quelque sorte, l'ennemi, tantôt au Sud, tantôt au Nord-Est, au point le plus sûr. Cette situation l'obligerait à immobiliser des forces considérables et compenserait sa supériorité numérique [2].

---

1. Dans le Nord de la France, l'État possède des forêts qu'il pourrait vendre en totalité ou en partie. Dans l'arrondissement d'Avesnes se trouve la forêt de Mormal, d'une étendue de 8.000 hectares, dont moitié en excellente terre de culture.

2.

Paris à Briare par Villeneuve-Saint-Georges	244	kilomètres.
Paris à Mézières-Sedan	244	»
Longueur de la ligne de défense et d'opérations	488	»

Cette organisation, en présence de la nouvelle orientation politique et militaire créée, assurerait la sécurité nationale et permettrait à la France de rétablir sa prépondérance au dehors, ferait rechercher son alliance. Non seulement elle acquerrait voix écoutée au chapitre des prochains remaniements ou groupements de territoires en Europe, mais encore elle aurait pour conséquence probable de lui faire obtenir, en outre d'un désarmement général si désirable pour l'humanité, la rentrée pacifique dans la mère-patrie des belles et toujours regrettées provinces de la Lorraine et de l'Alsace, qu'une guerre criminelle nous a cruellement ravies.

TABLE DES MATIÈRES

HOMMAGE DE RECONNAISSANCE

Ces souvenirs ne sauraient être clos sans rappeler les noms des principaux citoyens qui, dans les jours sombres de la guerre, ont collaboré avec le plus grand dévouement à la défense nationale. Leur patriotisme a été d'autant plus méritant, que les circonstances étaient des plus difficiles, des plus périlleuses et émouvantes. On se débattait dans des conditions spéciales faites pour troubler les caractères les plus énergiques. L'arrondissement d'Avesnes, deux fois envahi, était comme un navire à la dérive ; il se trouvait dans la position d'une place avec des moyens de défense improvisés, insuffisants pour une résistance sérieuse. Il était entouré d'ennemis dont, à chaque instant, on attendait l'assaut final. Cette situation s'est prolongée de septembre 1870 à février 1871, et il est extraordinaire qu'elle ait aussi longtemps duré. Elle allait avoir une fin, quand l'armistice survint, fin peut-être tragique pour Avesnes avec les dispositions du commandant de cette place.

Messieurs Guillemin et Pillion, anciens bâtonniers de l'ordre des avocats, étaient souvent consultés. Ces excellents patriotes, qui connaissaient parfaitement le pays, qui jouissaient de la considération générale, aidèrent beaucoup par leurs bons conseils toujours inspirés par le seul souci de l'intérêt général. Le premier, homme des plus distingués, d'une intégrité absolue, ancien proscrit de décembre, fut nommé, quelques années plus tard, député d'Avesnes. Sa mort fut une perte cruelle pour le pays et pour la France, dont il serait devenu un des meilleurs ministres.

M. Bosquet, avocat, chef du cabinet du sous-préfet, aujourd'hui Président de chambre à la Cour de Douai, fut d'un dévouement constant dans des circonstances aussi souvent mouvementées, aussi laborieuses que celles qu'on traversa. Il fut d'une infatigable activité et rendit de grands services.

M. Boulanger, alors conseiller d'arrondissement, depuis conseiller général ; tous les maires de l'arrondissement et principalement ceux de Maubeuge (M. Horrie) ; d'Avesnes (M. Herbecq); de Fourmies (M. Flament); de Bavay (M. Levent) ; de Berlaimont (M. Eliez-Evrard) ; de Landrecies (M. Démoulin) ; de Trélon (M. Clavon) ; de Maroilles (M. Azambre) ; du Quesnoy (M. Jean), firent preuve d'un grand dévouement.

M. Herbecq, commandant la garde nationale de Maubeuge, élu plus tard député, organisa parfaitement cette dernière et y créa les compagnies de marche.

M. Dubois, propriétaire du journal *l'Observateur d'Avesnes*, ensuite conseiller général; MM. Legrand et Farce, avocats, aidèrent de leur côté la défense. Ce dernier s'engagea patriotiquement, et combattit à Saint-Quentin dans la compagnie commandée par le capitaine Desmoutiers, du Cambrésis.

Bien d'autres citoyens ayant collaboré à la défense nationale, sans compter ceux déjà signalés dans le cours du présent récit, comme les commandants Wautier et Flobert, de la place et de la garde nationale d'Avesnes, l'inspecteur des douanes Giovanelli, devraient être cités.

Malheureusement, après tant de temps écoulé, leurs noms m'échappent.

Le dévouement fut d'ailleurs général dans l'arrondissement d'Avesnes au passé si glorieux. Il fut d'autant plus sincère et désintéressé, qu'on s'attendait à tout moment à voir l'ennemi envahir définitivement le pays, et que les premières victimes désignées auraient été les citoyens ayant fait preuve de patriotisme. Tout était danger pour eux.

Aussi, le présent témoignage de gratitude est-il un hommage mérité aux patriotes qui, la main dans la main, ont contribué à la sauvegarde de l'arrondissement qu'ils ont aidé à préserver des exactions de l'ennemi, et à la défense nationale.

www.ingramcontent.com/pod-product-compliance
Ingram Content Group UK Ltd.
Pitfield, Milton Keynes, MK11 3LW, UK
UKHW021203220726
13924UKWH00003B/1289

9 782019 932527